La contabilidad previsional como herramienta para directivos

Mercedes García-Parra
Joan Mundet Hiern

OmniaScience

LA CONTABILIDAD PREVISIONAL
COMO HERRAMIENTA PARA DIRECTIVOS

Autores:

Mercedes García-Parra
Joan Mundet Hiern

ISBN: 978-84-944673-0-1

DOI: http://dx.doi.org/10.3926/oss.24

Contenido

INTRODUCCIÓN

Este libro pretende aportar los conceptos y técnicas básicas para la correcta gestión económica — financiera de una empresa, desde una óptica directiva y no contable, con el objetivo de poder tomar decisiones que mejoren el funcionamiento del negocio adelantándose en el tiempo.

La confección de la contabilidad financiera de una empresa se realiza con posterioridad de haber efectuado la actividad por lo que no permite potenciar nuestras oportunidades y adelantarnos a posibles problemas. Por el contrario, la contabilidad que llamaremos previsional está pensada para estudiar como evolucionarán los documentos financieros más importantes de la empresa antes de hacer la actividad. De esta manera la empresa podrá determinar cuestiones como petición de préstamos, nivel de stocks, plazos de cobros y pagos etc.

En definitiva el libro tratará los siguientes aspectos:

- Establecer el modelo por el que se rige el estudio del marco económico-financiero de la empresa: el modelo renta–riqueza.
- Obtener el balance de situación y la cuenta de resultados previsional de una empresa.
- Elaborar el estado de tesorería y el cash–flow financiero de la empresa.
- Mejorar la autofinanciación a través de la distribución de los beneficios.
- Conocer y mejor gestionar los componentes del fondo de maniobra.
- Actuar frente a los estados de tesorería negativos: cálculo del préstamo para obtener liquidez.
- Facilitar la elección entre las distintas modalidades de financiación de inversiones en inmovilizado.
- Analizar las desinversiones (venta de inmovilizado). Concepto de resultado procedente del activo no corriente.

2

EL MODELO RENTA-RIQUEZA

El estudio del marco económico–financiero pasa por determinar la riqueza (patrimonio) de la empresa en un instante determinado de tiempo (generalmente a final de un ejercicio). El balance (B) es el instrumento que permite conocer la riqueza de la empresa, así como sus fuentes de financiación.

Ahora bien, con el paso del tiempo, debido a su actividad de explotación, la empresa va adquiriendo una renta (variación de riqueza). Esta renta se determinará a través de la cuenta de resultados (CR).

Así surge el modelo renta –riqueza simplificado ya que la empresa empieza con un balance inicial (riqueza) y a lo largo del año realiza una actividad que supone una cuenta de resultados (renta) que hace que al final del año se acabe con un balance final (riqueza).

El modelo Renta-Riqueza simplificado:

Figura 1. Modelo de renta- riqueza simplificado

Este modelo se ve modificado ya que los flujos económicos (ingresos y gastos) creadores de riqueza mediante la actividad de explotación no coinciden exactamente con los flujos monetarios, es decir los cobros y pagos realizados por la empresa durante el ejercicio. Esto supone un nuevo documento que contemple estos flujos monetarios que se determinan con el estado de tesorería (ET).

El modelo Renta-Riqueza:

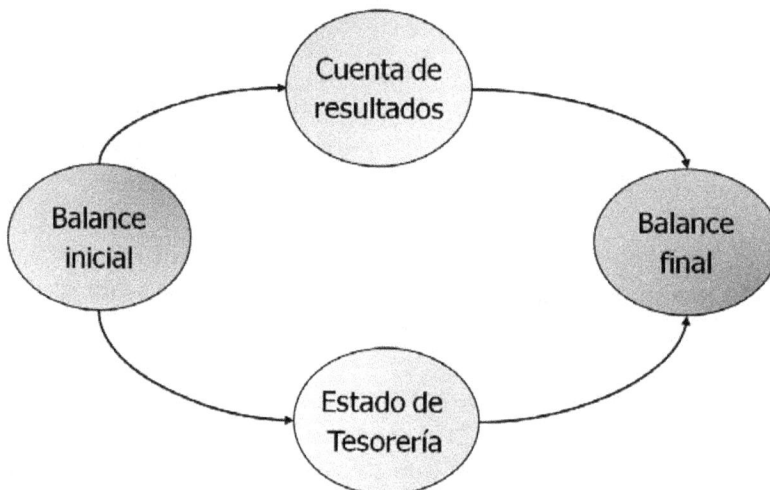

Figura 2. *Modelo de renta-riqueza ampliado*

Finalmente, la empresa necesitará realizar inversiones periódicamente, para mantener o expandir su capacidad de crear riqueza que tendrán que ser financiadas a través de una política de financiación. Estas actividades se plasmarán en un programa de inversiones (PI) y la manera en que se dispone del capital monetario necesario en el programa de financiación (PF).

<u>El Modelo Renta-Riqueza Ampliado:</u>

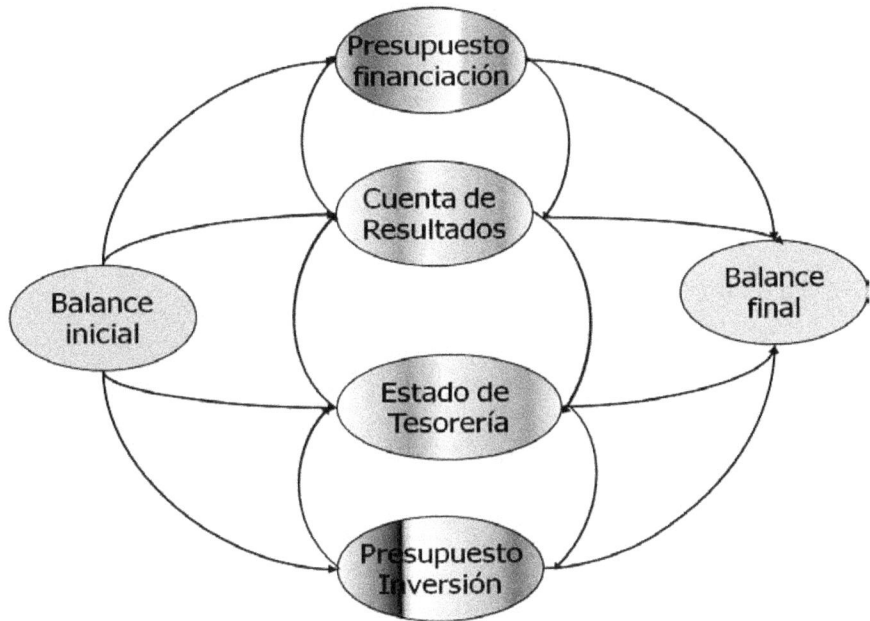

Figura 3. *Modelo de renta-riqueza completo*

Todos estos elementos constituyen un sistema, desde el momento que presentan interdependencia y que transmiten información entre ellos. Este sistema, que permite conocer el marco económico–financiero de la empresa, se le conoce como modelo renta–riqueza (modelo R–R).

3

CONCEPTOS DE BALANCE
Y CUENTA DE RESULTADOS

3.1. El balance como descripción y medición de la riqueza

Tal como se ha comentado en el apartado anterior, la descripción de la riqueza de la empresa se hace a través del balance. El balance es la relación del patrimonio de la empresa en un momento determinado del tiempo, junto con la descripción de su propiedad. Es importante enfatizar que el balance es estático, es decir, es como una fotografía económica de la empresa que reflejará su situación en un momento determinado.

Esta fotografía económica tiene dos caras:

a) Una relación ordenada de todos los bienes y derechos de la empresa, llamada activo. En esta relación figurará todo aquello que posea la empresa, así como todo lo que se le adeude.

b) Otra relación que explica la propiedad del activo, especificando qué cantidad es propiedad de los dueños de la empresa llamado patrimonio neto y que cantidad es de deudas y obligaciones con terceras personas, llamado pasivo.

Como lo que tiene la empresa o bien pertenece a sus propietarios o bien lo debe a terceras personas, el activo siempre debe ser igual al patrimonio neto y al pasivo, de ahí el nombre de balance.

Así los elementos del Balance son:

Activo. Bienes, derechos y otros recursos controlados económicamente por la empresa.

Pasivo. Obligaciones actuales con terceras personas surgidas como consecuencia de sucesos pasados.

Patrimonio Neto. Constituye la parte residual de los activos de la empresa una vez deducidos todos sus pasivos.

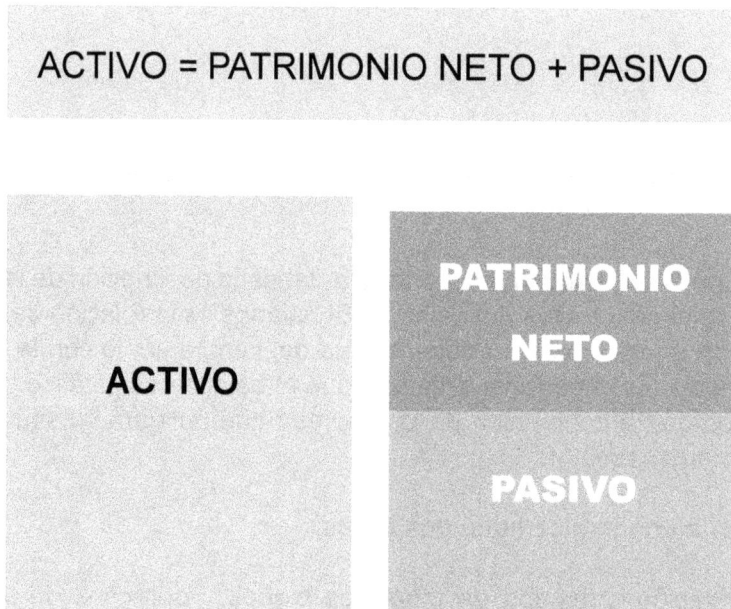

ACTIVO = PATRIMONIO NETO + PASIVO

ACTIVO

PATRIMONIO NETO

PASIVO

Figura 4. Elementos del Balance

EJERCICIO 1

Determinar que cuentas pertenecen al Activo, al Pasivo y al Patrimonio neto:

Caja, Beneficio del ejercicio, Proveedores, Mercaderías, Capital Social, Reservas, Mobiliario, Clientes, Préstamos a Corto Plazo, Hacienda Pública Acreedora, Deudores, Terrenos, Construcciones, Patentes, Acreedores

SOLUCIÓN 1

Activo	Pasivo	Patrimonio Neto
Caja Mercaderías Mobiliario Clientes Deudores Terrenos Construcciones Patentes	Proveedores Préstamo Corto Plazo Hacienda Pública Acreedora Acreedores	Beneficio ejercicio Capital Social Reservas

EJERCICIO 2

La empresa BJH, que realiza actividades de compra-venta, desea adquirir a finales de X0 un edificio por un valor de 2.000 um (al contado) para desarrollar sus actividades. Esta adquisición se financiará mediante una emisión de acciones por valor de 2.000 um.

Determinar el balance de BHJ en unidades monetarias (um) a finales de X0.

SOLUCIÓN 2

En el activo de la empresa figurará todo su patrimonio, que hasta el momento consiste en el edificio, por un valor de 2.000 um (inmovilizado material bruto o IMB). En esta partida se incluyen todos aquellos bienes cuya utilidad para la empresa reside en su funcionalidad y no en su liquidez (capacidad de convertibilidad en dinero): almacenes, oficinas, maquinaria, etc.

En el patrimonio neto y pasivo figurará la propiedad del activo. Como la única fuente de financiación ha sido una emisión de acciones por valor de 2.000 um, el activo pertenecerá a los accionistas en su integridad, y la única cuenta del patrimonio neto y pasivo será las 2.000 um de Capital social.

En el caso de una sociedad anónima (SA), el capital estará formado por acciones. Las acciones figurarán en el balance con su valor inicial o valor nominal, y no con el de su cotización en el mercado bursátil, salvo casos muy especiales.

De esta manera, el balance a finales de X0 será:

Balance a 31.12.X0 (en unidades monetarias um)

Activo	um	Patrimonio Neto y Pasivo	um
Edificio (IMB)	2.000	Capital social	2.000
Total	2.000	Total	2.000

Al hacer el balance hemos supuesto implícitamente que se pagará la inversión. En el caso de que no se hubiera hecho efectivo el pago del edificio en el año X0, el balance habría sido distinto, expresando esta situación:

Balance a 31.12.X0 (en unidades monetarias um) sin pagar el inmovilizado.

Activo	um	Patrimonio Neto y Pasivo	um
Edificio (IMB)	2.000	Capital social	2.000
Tesorería	2.000	Proveedores de inmovilizado	2.000
Total	4.000	Total	4.000

Ahora todo el capital social está en tesorería, pues aún no hemos realizado el pago. Nótese que, aunque no se ha pagado, el edificio forma ya parte del activo de la empresa.

La deuda que tenemos por la compra del edificio se llama "Proveedores de Inmovilizado".

Es preciso tener en cuenta que, salvo que se diga lo contrario, en los problemas que se realizarán no se tendrá en cuenta el IVA.

Para poder tener la información del patrimonio de una empresa de una forma rápida y útil para la toma de decisiones, el Balance se ordena en grupos de la siguiente forma:

El Activo se ordena en "Activo no corriente" y en "Activo corriente". El criterio utilizado es la liquidez.

Activo no corriente, también llamado Inmovilizado, agrupa todos los bienes y derechos que permanecen en la empresa más de un ejercicio económico (un año natural). Ejemplo maquinaria, patentes, edificios etc.

Activo corriente está formado por todos los bienes y derecho que se convierten en dinero antes o en un año. Aquí se encontrará principalmente (por orden) las existencias o mercaderías, el realizable o clientes y el disponible o líquido.

El Patrimonio neto se ordena en Fondos propios y en "Subvenciones y donaciones".

El Pasivo se ordena en "Pasivo no corriente" y en "Pasivo corriente". El criterio utilizado es la exigibilidad.

Pasivo no corriente formado por las deudas con terceras personas que hay que devolver a un plazo superior a un ejercicio económico.

Pasivo corriente formado por las deudas con terceras personas que hay que devolver a un plazo igual o inferior a un ejercicio económico.

Balance ordenado

Figura 5. Balance ordenado

3.2. La cuenta de resultados como forma de medición de la renta

La *cuenta de resultados* mide la renta producida a lo largo del ejercicio o periodo de tiempo. Se define como la relación de ingresos y de gastos de la empresa, a lo largo del año, independientemente que se hayan cobrado/pagado o no.

Esta renta se adquirirá fundamentalmente por la actividad de la empresa, por lo que la cuenta de resultados es básicamente la expresión de la explotación de la empresa, que al final del ejercicio llevará a obtener un resultado llamado *resultado de explotación* (beneficio o pérdida).

INGRESOS - GASTOS= RESULTADO

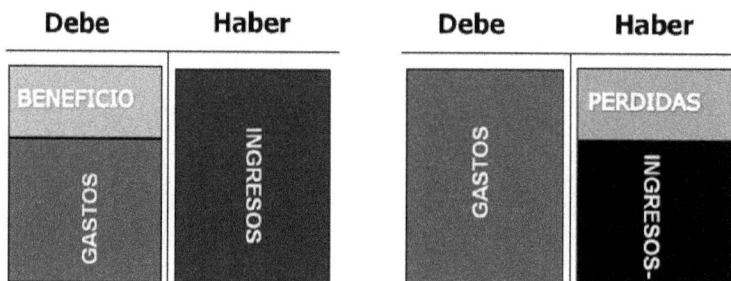

Figura 6. Cuenta de resultados

Los elementos de la cuenta de Resultados son:

Ingresos: Valor económico ocasionado por la venta de productos, prestaciones de servicios, enajenación o alquiler de partidas con valor, rendimientos de activos financieros, etc. obtenidos por la empresa en un año. Son incrementos en el patrimonio neto de la empresa durante el ejercicio, ya sea en forma de aumentos en el valor de los activos, o de disminución de los pasivos, siempre que no tengan su origen en aportaciones, monetarias o no, de los socios o propietarios. Por ejemplo: Venta, a crédito, de mercaderías por valor de 600 um. Aunque no se cobre, el ingreso que aparecerá en la cuenta de resultados será de 600 um.

Gastos: Recursos que una empresa consume o utiliza en un ejercicio contable, a fin de obtener los ingresos de dicho periodo. No tienen por qué coincidir con aquellos que se hayan pagado. Por ejemplo: Compra de mercadería por valor de 500 um de las cuales se venden 300 um. Aunque se ha comprado por valor de 500 um, el gasto (independientemente si se paga o no) es el importe de la mercadería que se han vendido es decir 300 um que llamaremos "Coste materias vendidas (CMV)".

EJERCICIO 3

Calcular el Resultado antes de impuestos (BAT) de la Empresa CONSA sabiendo que han realizado las siguientes operaciones a lo largo del año:

- Los impuestos municipales ascienden a 90 um.

- Las ventas realizadas en el período ascienden a 21.140 um.

- El coste de las materias vendidas es de 8.900 um.

- El coste del suministro de agua, gas y electricidad durante el período asciende a 300 um.

- El importe de la nómina del personal es de 3.800 um.

- El alquiler del local ocupado por la empresa asciende a 1.200 um.

- Los gastos de transporte sobre ventas ascienden a 1.300 um.

Nota: No tener en cuenta el IVA.

SOLUCIÓN 3

Cuenta de resultados en unidades monetarias (um).

INGRESOS:		21.140
Ventas	21.140	
GASTOS:		(15.590)
Coste materias vendidas	8.900	
Salarios	3.800	
Tributos	90	
Arrendamiento	1.200	
Suministros	300	
Transportes	1.300	
Beneficio antes de impuestos (BAT)		5.550

Nota: la cantidad que se resta se pondrá entre paréntesis.

EJERCICIO 4

La empresa PH. inicia su actividad industrial a finales del ejercicio Z1 con el siguiente patrimonio en unidades monetarias (um):

Activo	um	Patrimonio Neto y Pasivo	um
Terrenos	2.000	Capital social	2.000
Total	2.000	Total	2.000

Durante el ejercicio Z2 la empresa espera tener los siguientes gastos e ingresos derivados de esa actividad:

• Compra de 100 unidades físicas (uf) de mercaderías a un precio de 10 um/uf (unidades monetarias/unidad física). Se pagará todo durante el año.

- Venta de 100 unidades físicas (uf). a un precio de 40 um /uf. Se cobrará todo a lo largo del año.
- Gastos de personal de 1.500 um al contado.
- Gastos de trabajos y servicios del exterior (TSE) de 600 um al contado. Se considerará dentro de "TSE" los gastos de servicios contratados a otras empresas como: luz, agua, asesoría, etc.

Hallar la cuenta de resultados del ejercicio Z2 y el balance a 31.12.Z2.

Nota: Considerar que el Inmovilizado Material bruto (IMB) no se amortiza y no tener en cuenta el IVA.

Importante: en todos los ejercicios de este libro se considerará que la actividad de las empresas no tiene estacionalidad, es decir, se supone que todos los días del año (año comercial de 360 días) se ha vendido y comprado lo mismo. Tampoco se considerará el IVA de las operaciones.

SOLUCIÓN 4

En la cuenta de resultados tendremos la relación de ingresos y de gastos (estos últimos al restar se escribirán entre paréntesis). La diferencia entre gastos e ingresos nos permitirá hallar el resultado, que es el que figurará en el balance.

Cuenta de resultados (CR) – Z2 (en um)	
Ventas	4.000
Coste materias vendidas (CMV)	(1.000)
Personal	(1.500)
TSE	(600)
Resultado antes de impuestos (BAT ó BAI)	900

Como todos los gastos e ingresos se han convertido en pagos y cobros durante el ejercicio y no se amortiza, el documento de tesorería coincide con el documento del resultado. La tesorería será una cuenta de activo, ya que forma parte del patrimonio de la empresa.

La riqueza generada por la empresa en el ejercicio hará que el patrimonio, es decir el Activo, aumente de manera que la diferencia entre activo y patrimonio neto + pasivo será igual a la riqueza creada, es decir, al resultado. De ahí que el beneficio se indique en el patrimonio neto y pasivo, ya que la columna de activo ha de sumar lo mismo que la columna del patrimonio neto + pasivo. En caso de pérdidas, patrimonio neto y pasivo superará al activo y el resultado irá al patrimonio neto pero con signo negativo.

Así el balance a 31.12.Z2 será:

Balance a 31.12.Z2 (en um)

Activo		Patrimonio neto y Pasivo	
Terreno	2.000	Capital social	2.000
Tesorería	900	Resultado (BAT)	900
Total	2.900	Total	2.900

Ejercicio 5

La empresa REXA empieza su actividad con el siguiente patrimonio:

Balance a 31.12.20X1 (en um)

Activo		Patrimonio neto y Pasivo	
Terreno	4.000	Capital social	4.100
Tesorería	100		
Total	4.100	Total	4.100

Durante el ejercicio 20X2 la empresa realizará las siguientes operaciones:

- Compra de 100 unidades físicas (uf) de mercaderías a un precio de 10 um /uf (unidades monetarias/unidad física). Se pagará todo durante el año.

- Venta de 100 unidades físicas (uf). a un precio de 40 um/uf. Se cobrará todo a lo largo del año.

- Gastos de personal de 1.200 um al contado.

- Gastos de trabajos y servicios del exterior (TSE) de 900 um al contado.

- Se pide la cuenta de resultados y el balance a 31-12-20X2.

SOLUCIÓN 5

Cuenta de resultados (CR) - 20X2	um
Ventas Coste materias vendidas (CMV) Personal TSE	4.000 (1.000) (1.200) (900)
Resultado antes de impuestos (BAT ó BAI)	900

La tesorería que tendremos al final de ejercicio será:

Tesorería inicial + Entradas de dinero –Salidas de dinero = Tesorería final.

100 + 4.000 – (1.000 + 1.200 + 900) = 1.000 um.

Balance a 31.12.20X2 (en um)

Activo		Patrimonio Neto y Pasivo	
Terrenos Tesorería	4.000 1.000	Capital social Resultado (BAT)	4.100 900
Total	5.000	Total	5.000

Al igual que el Balance de situación, la cuenta de resultados se debe ordenar de acuerdo con la función de los resultados dentro de la empresa. Así, se distinguen los resultados de explotación y los resultados financieros. Los resultados de explotación están formados por ingresos y gastos de la actividad de la empresa. Los resultados financieros están formados por ingresos y gastos debidos a la utilización del dinero.

Los resultados de explotación, también llamados Beneficio antes de intereses e impuestos BAIT, y los financieros forman el resultado antes de impuestos o BAT. A este resultado se resta el impuesto de sociedades (30% del beneficio como tipo de gravamen general para el año 2014, 28% para 2015 y 25% para el 2016) y se obtiene el beneficio neto.

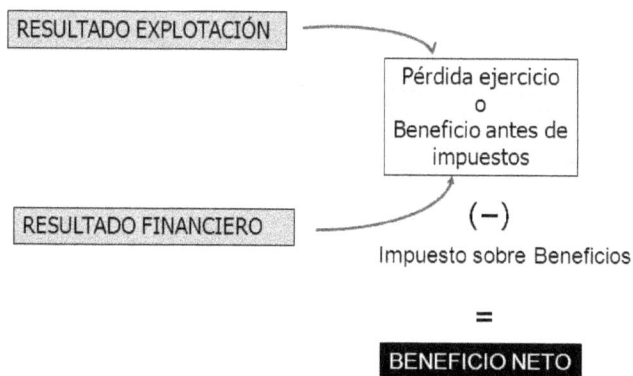

Figura 7. *Ordenación de la cuenta de resultados*

4

La amortización

4.1. Los conceptos de amortización, inmovilizado material bruto y neto

Cuando en los ejemplos de cuentas de resultados, del apartado anterior, se hacía una aproximación a los diferentes gastos que se presentan en la empresa, se ha pasado por alto un gasto importante, que es la pérdida de valor -*depreciación*- del inmovilizado durante el ejercicio, reflejada en la amortización.

Se entiende por inmovilizado aquel elemento del patrimonio de la empresa vinculado a ella durante un tiempo largo -más de un ejercicio- cuyo uso permite la obtención de los bienes y servicios que contribuyen a la creación de riqueza en la empresa. Es la parte menos realizable - más difícil de convertir en dinero - del activo (formará parte del activo no corriente).

Dentro del inmovilizado o "activo no corriente" se encuentran varios grupos:

- Inmovilizado intangible. Es aquél activo que permaneciendo más de un ejercicio en la empresa tiene una naturaleza inmaterial (normalmente sin sustancia o esencia física) y posee capacidad para generar beneficios económicos futuros que pueden ser controlados por su empresa y perfectamente identificables. Ejemplo: una patente.

- Inmovilizado material. Es el conjunto de elementos patrimoniales tangibles (maquinas, edificios, terrenos, mobiliario etc.) que se utilizan de manera continuada por el sujeto contable, en la producción de bienes y servicios y que no están destinados a la venta.

- Inversiones financieras a largo plazo. Son derechos adquiridos por la empresa, que forman parte del activo no corriente de la entidad, y representan la capacidad para obtener liquidez en un futuro, bien a partir de su enajenación, en forma de rentabilidades o bien por ambas vías. En este caso, el vencimiento es superior a un año o sin vencimiento (como los instrumentos de patrimonio), cuando la empresa no tenga la intención de venderlos en el corto plazo. Ejemplo: Acciones que tiene la empresa para controlar otra empresa

La mayor parte del inmovilizado intangible y material (no las inversiones financieras) están sometidos a una depreciación a lo largo del tiempo debido a:

- El desgaste causado por su utilización (p. ej.: el desgaste por el uso de una máquina industrial).

- La obsolescencia, depreciación surgida por la aparición de nuevos equipos mejores gracias a avances tecnológicos (p. ej.: un ordenador comprado hace varios años está actualmente desfasado, aunque esté en perfecto estado).

La amortización contable del inmovilizado consiste en cuantificar el coste económico que tiene para la empresa la depreciación del inmovilizado que conforma su patrimonio. La dotación a la amortización del inmovilizado se transforma en un gasto contable que aminora el resultado de la empresa. Otra forma de definirlo es la pérdida de valor sistemática que sufren los bienes del inmovilizado por desgaste u obsolescencia.

La amortización es un gasto más de la actividad de explotación que figurará en la cuenta de resultados sin embargo, al no representar una salida de dinero, no figurará en el estado de tesorería.

Hay dos maneras de reflejar esta amortización:

- Método directo. Aparece como gasto en la cuenta de resultados y, por otra parte, como disminución del valor del inmovilizado que aparece en el balance.

  EJEMPLO: Si tenemos una maquina cuyo valor es de 5.000 um y se deprecia un 10% cada año, en el segundo año tendríamos un gasto de 500 um y la máquina aparecería por 4.000 (5.000 – 500 del primer año – 500 del segundo año).

- Método indirecto (el más utilizado). Aparece como gasto en la cuenta de resultados y por otra parte, se crea una cuenta de compensación "amortización acumulada" que refleja todo el valor que ha perdido el inmovilizado con el paso del tiempo. Esta cuenta aparecerá en el activo del balance con signo negativo.

Ejemplo

Si utilizamos los mismos datos que el caso anterior aparecería:
Gasto de amortización = 500 um.
Maquinaria = 5.000 um.
Amortización acumulada = - 1.000 um.

Los elementos básicos a la hora de amortizar son los siguientes:

- Valor de adquisición (Va). Es el precio de compra más todos los gastos necesarios para la compra.

  Ejemplo: Se compra al contado una maquinaria cuyo valor es de 300 um que supone unos gastos de transporte a nuestra empresa de 50 um y unos gastos para su correcta instalación de 30 um.

  La maquinaria tiene un valor de adquisición de 380 um.

- Valor residual (Vr). Valor que se estima que podría tener el activo al final de su vida útil.

  Ejemplo: es lo que la empresa cree que va a obtener en chatarra cuando la maquinaria esté obsoleta.

- Vida útil (t). Tiempo durante el cual se espera utilizar el activo en la empresa.

- Base de amortización (Ba). Es sobre lo que amortizaremos que vendrá dado por el valor de adquisición – valor residual.

- Fecha de inicio del proceso de amortización: Es la fecha de puesta en marcha del inmovilizado.

- Valor neto contable (VNC). Es el valor actual del inmovilizado que será : Valor de adquisición – amortización acumulada.

Para saber la vida útil de los inmovilizados en el caso del inmovilizado intangible se consideran los años que se puede utilizar dicho bien. Por ejemplo, si tenemos una concesión administrativa para 40 años la vida útil serán esos 40 años. En el caso de desconocer el tiempo de uso (vida útil indefinida) se considerará 20 años.

Para la vida útil de los inmovilizados materiales se utilizan las tablas de amortización aprobadas por la Ley 27/2014, de 27 de noviembre, del Impuesto sobre Sociedades. En dichas tablas se establecen los límites de la amortización del inmovilizado material que viene dado por el porcentaje o coeficiente máximo de amortización y los años máximos de vida útil de cada uno de los bienes.

Tipo de Elemento	Coeficiente lineal Máximo	Periodo de años Máximo
Obra Civil		
Obra Civil General	2%	100
Pavimentos	6%	34
Infraestructuras y obras mineras	7%	30
Centrales		
Centrales hidráulicas	2%	100
Centrales nucleares	3%	60
Centrales de carbón	4%	50
Centrales renovables	7%	30
Otras centrales	5%	40
Edificios		
Edificios industriales	3%	68
Terrenos dedicados exclusivamente a escombreras	4%	50
Almacenes y depósitos (gasesosos, líquidos y sólidos)	7%	30
Edificios comerciales, administrativos, de servicios y viviendas	2%	100
Instalaciones		
Subestaciones. Redes de transporte y distribución de energía	5%	40
Cables	7%	30
Resto instalaciones	10%	20
Maquinaria	12%	18
Equipos médicos y asimilados	15%	14
Elementos de transporte		
Locomotoras, vagones y equipos de tracción	8%	25
Buques, aeronaves	10%	20
Elementos de transporte interno	10%	20
Elementos de transporte externo	16%	14
Autocamiones	20%	10
Mobiliario y Enseres		
Mobiliario	10%	20
Lencería	25%	8
Cristalería	50%	4
Útiles y herramientas	25%	8
Moldes, matrices y modelos	33%	6
Otros enseres	15%	14
Equipos Electrónicos e Informáticos, Sistemas y Programas		
Equipos electrónicos	20%	10
Equipos para procesos de información	25%	8
Sistemas y programas informáticos	33%	6
Producciones cinematográficas	33%	6
Fonográficas, vídeos y series audiovisuales	33%	6
Otros elementos	10%	20

Figura 8. Tablas de amortización 2015. BOE 27 noviembre 2014

Aunque los únicos elementos del balance que se puede amortizar son los inmovilizados, ya que son por definición los que se encuentran en la empresa más de un año, hay inmovilizados que no se deprecian porque no pierden valor por ejemplo los terrenos, el inmovilizado en curso o el inmovilizado financiero.

4.2. Métodos de amortización

Al total de los años de vida útil del bien tenemos que asignarle un porcentaje del valor amortizable. Para calcular que cantidad asignamos a cada año se pueden utilizar distintos métodos.

a) Método constante o lineal: A cada ejercicio económico se le asigna la enésima parte del valor de inmovilizado en función de su vida útil.

Partimos de la base de amortización (valor de adquisición – valor residual) y se divide por los años de vida útil.

$$\text{Amortización anual} = \frac{\text{Base amortización}}{\text{Vida útil}}$$

Este es el método de amortización más utilizado por su sencillez.

Caso: Si queremos amortizar por el sistema constante un inmovilizado de valor 3.500 um, vida de 10 años y valor residual de 500 um, tendremos.

Solución: Amortización anual = (3.500 – 500) / 10 = 300 um en cada ejercicio.

b) Método constante sobre base decreciente: En este método se parte del valor de adquisición y se determina el porcentaje a amortizar que dependerá de la vida útil del inmovilizado determinado en las tablas de amortización. El porcentaje, que se deberá ponderar, se aplicará sobre el valor pendiente de amortizar al comienzo de cada ejercicio.

El porcentaje de amortización obtenido de las tablas de amortización se ponderará en función de los siguientes parámetros:

- 1,5 si el elemento tiene un período de amortización inferior a 5 años.

- 2 si el elemento tiene un período de amortización igual o superior a 5 años e inferior a 8 años.

- 2,5 si el elemento tiene un período de amortización igual o superior a 8 años.

El porcentaje así obtenido no podrá ser menor del 11% y se aplicará sobre el valor pendiente de amortización (diferencia entre el valor de adquisición y la amortización practicada).

El saldo pendiente de amortizar en el último periodo de vida útil se amortizará en ese periodo.

Este método de amortización no será aplicable a edificios, mobiliario y enseres.

EJEMPLO: Queremos amortizar por este método un equipo electrónico cuyo valor de adquisición es de 2.000 um y que presenta un porcentaje de amortización, en las tablas, del 10% anual (10 años).

SOLUCIÓN: El porcentaje de amortización aplicable será del 25% ya que aplicamos al 10% el coeficiente corrector de 2,5.

Amortización 1º año = 2.000 * 25% = 500.

Amortización 2º año = (2.000 – 500) *25% = 375.

Amortización 3º año = (1.500 – 375) * 25% = 281,25 etc.

En el año 10 se amortizará lo que quede.

c) Método Suma de números dígitos decreciente: En este caso la empresa determina los años de amortización del inmovilizado (dentro de los límites de las tablas de amortización) y a cada año se le asigna un número natural decreciente y consecutivo.

La cuota de amortización anual se obtendrá como resultado de multiplicar la base de amortización por el número dígito asignado y de dividirlo por la suma de todos los dígitos.

Este método de amortización no será aplicable a edificios, mobiliario y enseres.

EJEMPLO: Queremos amortizar por este método un ordenador por valor de adquisición de 420 um y un valor residual de 20 um en 4 años (de acuerdo con las tablas de amortización).

SOLUCIÓN: Se le asigna al primer año el número 4, al segundo año el número 3, al tercero el 2 y al último el 1. La suma de estos números es de 10.

Base de amortización= (420 um – 20 um) = 400

Amortización 1º año = 400 um*4/10= 160 um.

Amortización 2º año = 400 um*3/10= 120 um.

Amortización 3º año = 400 um*2/10= 80 um.

Amortización 4º año = 400 um*1/10= 40 um.

d) Otros métodos de amortización: Se establece libertad de amortización para bienes de escaso valor, de hasta 300 euros de valor unitario, con un máximo de 25.000 euros anuales.

4.3. Flujos económicos y flujos monetarios: diferencia entre gastos y pagos

La amortización es un gasto que tiene un elemento diferenciador respecto a los que se han visto hasta ahora: es un *gasto* que no se traduce en un *pago*, es decir en una salida de dinero.

Esto hace que a la hora de determinar la riqueza de la empresa, a través del balance, se tengan que considerar por separado dos tipos de flujos:

a) Los *flujos económicos*, consistentes en ingresos y en gastos, reflejados en la *cuenta de resultados*. La diferencia entre ingresos y gastos de explotación será el *BAIT* (beneficios antes de intereses e impuestos).

b) Los *flujos monetarios*, consistentes en cobros y pagos. La relación de todas las entradas (cobros) y salidas (pagos) de dinero por cualquier concepto durante el ejercicio constituirá el Estado de tesorería. La diferencia entre cobros y pagos será el *Cash flow financiero.*

Por lo tanto, el modelo R-R tal como lo conocemos hasta ahora será:

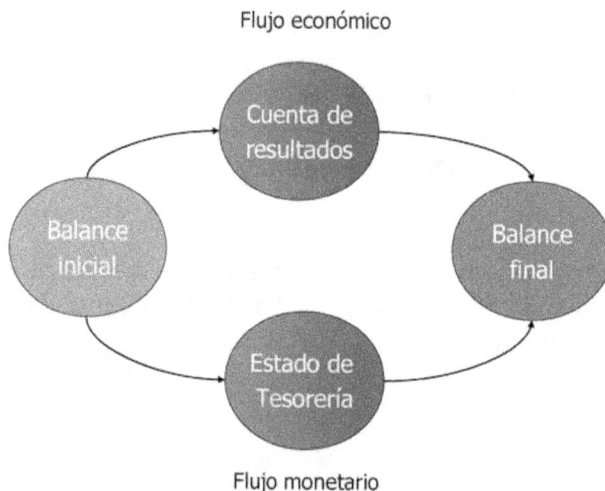

Figura 9. *Flujo económico y monetario*

Puesto que en la cuenta de resultados se recoge los ingresos y gastos y no los cobros y pagos, es necesario la existencia de otro documento que nos muestra las entradas y salidas de dinero que es el Estado de Tesorería.

Estado de Tesorería

Corresponde al flujo monetario

Tesorería Inicial

+ entradas de dinero (cobros)

(-) salidas de dinero (pagos)

_____

= Tesorería Final

Entradas de dinero − Salidas de dinero = Cash Flow financiero

Figura 10. *Estado de tesorería*

EJERCICIO **6**

La empresa ACA, SA presenta el siguiente balance de situación de X0:

Balance a 31.12.X0 (en um)

Activo	um	Patrimonio Neto y Pasivo	um
IMB Tesorería	2.000 100	Capital social	2.100
Total	2.100	Total	2.100

Durante el ejercicio X1 se pretende realizar las siguientes operaciones todas al contado:

- Compra de 100 uf de mercaderías a un precio de 10 um/uf.

- Venta de 100 uf a un precio de 40 um/uf.

- Gastos de personal de 1.500 um.

- Gastos de trabajos y servicios del exterior (TSE) de 600 um.

- El inmovilizado material se amortiza por el sistema constante al 20%.

Hallar la cuenta de resultados del ejercicio X1, el estado de tesorería y el balance a 31.12.X1.

SOLUCIÓN 6

Cuenta de resultados (CR) - X1(en um)	
Ventas	4.000
Coste materias vendidas (CMV)	(1.000)
Personal	(1.500)
TSE	(600)
Amortización	(400)
Total	500

Amortización anual = Valor de adquisición (ya que el valor residual es cero) * porcentaje amortización.

Amortización = 2.000 *20% = 400 um.

Ahora hallaremos el valor final de la tesorería mediante el estado de tesorería, que tendrá la expresión siguiente:

Estado de tesorería (ET) - X1 (en um)		
Tesorería inicial (Ti)		*100*
+ Entradas de dinero Ventas	4.000	*4.000*
(-) Salidas de dinero Compras Personal TSE	1.000 1.500 600	*(3.100)*
Tesorería final (Tf)		*1.000*

Mediante el estado de tesorería obtendremos la tesorería final que figurará en el balance al final del ejercicio. Dicha tesorería se obtiene con la identidad:

T inicial + entradas dinero = salidas dinero + T final

En este caso: 100 + 4.000 = 3.100 + Tf $\rightarrow$ Tf = 1.000

Una vez confeccionada la cuenta de resultados y el estado de tesorería, ya podremos confeccionar el balance para el ejercicio X1, que queda como:

Balance a 31.12.X1 (en um)

Activo		Patrimonio Neto y Pasivo	
IMB Amortización Acumulada (*) Tesorería	2.000 (400) 1.000	Capital social Resultado (BAT)	2.100 500
Total	2.600	Total	2.600

(*) Amortización acumulada (A.A.) refleja la pérdida de valor del inmovilizado. El inmovilizado material neto (IMN) será el inmovilizado material bruto o valor de adquisición menos la amortización acumulada. El inmovilizado en estos momentos tiene un valor de 1.600 um = 2.000 - 400.

4.4. Funciones de la amortización

El ejercicio anterior permite comprender las funciones que tiene la amortización:

a) *Función financiera:* la adquisición de inmovilizado supone también la inmovilidad del capital necesario para su adquisición. Una de las funciones de la amortización es la de ir recuperando los recursos invertidos en la compra de este activo. De este modo, la amortización es una fuente de financiación propia que permite ir recuperando el capital invertido en el inmovilizado. No es habitual reservar en un fondo el valor en metálico de las partidas de amortización para su futura reposición del inmovilizado, sino que estos fondos suelen emplearse para aumentar la capacidad de pago de la empresa y permitirle así un aumento de su actividad.

Para la reposición del inmovilizado, como veremos, se buscarán otras fuentes de financiación.

b) *Función contable:* la amortización permite calcular correctamente los gastos, cuya diferencia con los ingresos supone obtener los resultados de explotación y valorar adecuadamente el patrimonio de la empresa. Mediante la amortización, se incorpora a los productos el gasto de la depreciación del inmovilizado.

c) *Función fiscal:* la amortización es uno de los gastos deducibles que permiten el cálculo del beneficio que sirve como base imponible para el impuesto de sociedades (en España el tipo de gravamen en el año 2015 es del 28% del beneficio). Por este motivo, el legislador establece una tabla de coeficientes de amortización máximos y mínimos, en función de la vida y naturaleza del inmovilizado (las tablas de amortización).

5

EL TRATAMIENTO DE LOS RESULTADOS

La distribución de resultados es el proceso de asignación de los beneficios obtenidos por la empresa.

En el artículo 273.1 del Texto Refundido de la Ley de Sociedades de Capital (TRLSC) del Real Decreto 1/2010, de 2 de julio queda claro que "La Junta General resolverá sobre la aplicación del resultado del ejercicio de acuerdo con el balance aprobado". La reunión de esta Junta General ordinaria se produce dentro de los seis primeros meses de cada ejercicio, para resolver la aplicación del resultado del ejercicio anterior. Una vez finalizado el ejercicio, el resultado obtenido por la empresa aparece en el Patrimonio neto del balance. Si la empresa ha tenido pérdidas aparece con signo negativo y se mantendrá en el balance hasta que se compense con futuros beneficios. Si se han obtenido beneficios lo primero que hay que hacer, después de compensar las perdidas de otros años, es aplicar el impuesto de sociedades para obtener el beneficio neto y después distribuir el resto.

El impuesto de sociedades se paga en los 25 días siguientes a los 6 meses después del cierre del período impositivo por lo que la deuda que aparece en este año se reflejará en la cuenta "Hacienda Pública acreedora por Impuesto de Sociedades".

5.1 Distribución de los beneficios

Cuando la empresa tiene beneficios (beneficio antes de impuestos BAT), tal y como se ha comentado anteriormente, hay que restarle el impuesto de sociedades. Este impuesto se define como un tributo de carácter directo y naturaleza personal que grava la renta de las sociedades y demás entidades jurídicas.

Por ley, toda empresa debe tributar a hacienda pública por el valor resultante de multiplicar el beneficio (BAT) por un tipo impositivo. El tipo de gravamen general en 2014 era del 30% mientras que en el 2015 pasa a ser del 28% y en el 2016 se espera que sea del 25% .Una vez descontado el impuesto de sociedades obtendremos el beneficio neto.

EJERCICIO 7A

La sociedad GIGAN empieza su actividad con el siguiente balance de situación en um a fecha 1-1-Z1:

Activo		Patrimonio Neto y Pasivo	
IMB Tesorería	3.000 500	Capital social	3.500
Total	3.500	Total	3.500

Durante el ejercicio la empresa realizará las siguientes operaciones al contado:

Compra 60 uf de mercaderías a 10 um/uf.

Venta de 60 uf de mercaderías a 50 um/uf.

Gasto de personal por valor de 1.000 um.

Gasto de TSE por 500 um.

Amortización del IMB al 20% por el sistema constante.

Impuesto de sociedades del 30%.

Calcular el resultado después de impuestos de Z1 así como el estado de tesorería y el balance a fecha 31-12-Z1.

SOLUCIÓN 7A

Cuenta de resultados (CR)-Z1 (en um)	
Ventas	3.000
Coste materias vendidas (CMV)	(600)
Personal	(1.000)
TSE	(500)
Amortización (3.000* 20%)	(600)
Resultado antes de impuestos (BAT)	300
Impuesto sociedades (30%)	(90)
Beneficio Neto	210

Estado de tesorería (ET)-Z1 (en um)		
Tesorería inicial (Ti)		500
+ Entradas de dinero		3.000
Ventas	3.000	
(-) Salidas de dinero		(2.100)
Compras	600	
Personal	1.000	
TSE	500	
HP acreedora IS (*)	0	
Tesorería final (Tf)		1.400

(*) el impuesto de sociedades que asciende a 90 um no se pagará hasta el año siguiente por lo que no habrá salidas de dinero. La deuda aparecerá en el pasivo de la empresa e la cuenta Hacienda Pública por Impuesto de sociedades.

Balance a 31.12.Z1 (en um)

Activo		Patrimonio Neto y Pasivo	
IMB	3.000	Capital social	3.500
A. Acumulada	(600)	Beneficio neto	210
Tesorería	1.400	HP acreedora IS	90
Total	3.800	Total	3.800

Es importante tener en cuenta que en este libro no consideraremos el beneficio después de impuestos (Beneficio neto) ya que, aunque en contabilidad se considera un gasto del ejercicio el impuesto de sociedades, no se puede considera como tal a nivel fiscal. Esta decisión no modificará sustancialmente la información de la empresa ya que sólo se vera afectado el balance donde en vez de la cuenta Beneficio Neto y la cuenta Hacienda Pública acreedora aparecerá la cuenta Beneficio antes de impuestos (BAT) por el valor de las dos cuentas.

Para verlo presentaremos el ejemplo anterior con esta nueva suposición.

EJERCICIO **7B**

La sociedad GIGAN empieza su actividad con el siguiente balance de situación en um a fecha 1-1-Z1:

Activo		Patrimonio Neto y Pasivo	
IMB Tesorería	3.000 500	Capital social	3.500
Total	3.500	Total	3.500

Durante el ejercicio la empresa realizará las siguientes operaciones al contado:

Compra 60 uf de mercaderías a 10 um/uf.

Venta de 60 uf de mercaderías a 50 um/uf.

Gasto de personal por valor de 1.000 um.

Gasto de TSE por 500 um.

Amortización del IMB al 20% por el sistema constante.

Calcular el resultado antes de impuestos de Z1 así como el estado de tesorería y el balance a fecha 31-12-Z1.

SOLUCIÓN 7B

Cuenta de resultados (CR) - Z1 (en um)	
Ventas	3.000
Coste materias vendidas (CMV)	(600)
Personal	(1.000)
TSE	(500)
Amortización (3.000* 20%)	(600)
Resultado antes de impuestos (BAT)	300

Estado de tesorería (ET)- Z1		um
Tesorería inicial (Ti)		500
+ Entradas de dinero		3.000
Ventas	3.000	
(-) Salidas de dinero		(2.100)
Compras	600	
Personal	1.000	
TSE	500	
Tesorería final (Tf)		1.400

Balance a 31.12.Z1 (en um)

Activo		Patrimonio Neto y Pasivo	
IMB	3.000	Capital social	3.500
A. Acumulada	(600)	Beneficio antes	
Tesorería	1.400	de impuestos (BAT)	300
Total	3.800	Total	3.800

Una vez considerado el impuesto de sociedades, los propietarios de la empresa deciden cómo distribuir el beneficio neto entre ellos mismos (dividendos) y la empresa (autofinanciación). Si en los ejercicios anteriores se han producido pérdidas esto habrá causado una descapitalización o minoración de los recursos de la empresa, por lo tanto lo más prudente sería destinar los beneficios a compensar esa situación adversa.

Si la situación patrimonial de la empresa es buena, el beneficio después de impuestos se distribuirá en:

a) Autofinanciación: es la parte del beneficio que la Junta de accionistas decide que se quede en la empresa. Esta cantidad pasará a formar parte de los fondos propios de la empresa, en una cuenta llamada reservas. La autofinanciación se produce de forma análoga a la amortización: se retiene parte del beneficio, y el dinero que no sale de la empresa se invierte automáticamente en cubrir las necesidades de liquidez de la explotación.

La empresa puede dotar distintos tipos de reservas entre las que se encuentra las siguientes:

• Reserva legal: Establecida en el artículo 274 Real Decreto 1/2010, de 2 de julio donde se determina " que una cifra igual al diez por ciento del beneficio del ejercicio se destinará a la reserva legal hasta que esta alcance, al menos, el veinte por ciento del capital social. La reserva legal, mientras no supere el límite indicado, solo podrá destinarse a la compensación de pérdidas en el caso de que no existan otras reservas disponibles suficientes para este fin"

• Reserva estatutaria: es la que viene determinadas por los estatutos de la sociedad. Cuando se constituye una sociedad, se puede estipular en el contrato que, al final del ejercicio, no se distribuirán todos los beneficios y que un porcentaje de ellos - además del establecido por ley - se lleven a un fondo de reserva.

- • Reserva voluntaria: Son las constituidas libremente por la empresa y se establecen una vez dotada la reserva legal y la estatutaria, si la hubiera.

b) Dividendos: es la parte del beneficio que reciben los propietarios y accionistas de la empresa. En una sociedad anónima (S.A.), esa parte será proporcional a las acciones que tenga cada propietario. De esta manera, los accionistas obtienen su rentabilidad del dinero invertido en la empresa.

Con carácter general, existen limitaciones en cuanto a la distribución de dividendos ordinarios. El artículo 213 del TRLSA (Texto Refundido de la Ley de Sociedades anónimas) determina que solo podrán repartirse dividendos si el valor del patrimonio neto no resulta inferior a la cifra de capital social. Si en el activo de la empresa existen gastos de I + D y fondo de comercio, se prohíbe la distribución del beneficio, a menos que el importe de las reservas disponibles sea, como mínimo, igual al importe de los gastos no amortizados. La tercera limitación es la dotación de la Reserva legal explicada anteriormente.

El impuesto de sociedades y los dividendos constituyen pagos a Hacienda pública y a los accionistas respectivamente, por lo que figurarán en el estado de tesorería del ejercicio en que se reparte el beneficio, mientras que la autofinanciación, al no constituir pago, pasa directamente a engrosar una partida de Patrimonio Neto.

EJERCICIO **8**

La empresa ACA, SA presenta el balance siguiente a fecha 31-12-X1:

Balance a 31.12.X1 (en um)

Activo	um	Patrimonio Neto y Pasivo	um
IMB A. Acumulada Tesorería	2.000 (400) 1.000	Capital social Resultado (BAT) X1	2.100 500
Total	2.600	Total	2.600

Las operaciones que espera realizar durante X2 (todas al contado) son:

- Compra de 100 unidades físicas (uf), de mercadería a un precio de 10 um/uf.

- Venta de 100 uf a un precio de 40 um/uf.

- Gastos de personal de 1.500 um.

- Gastos de trabajos y servicios del exterior (TSE) de 600 um.

- El inmovilizado material se amortiza por el sistema constante al 10%.

Hallar la cuenta de resultados antes de impuestos del ejercicio X2 y el balance a 31.12.X2 sabiendo que el resultado del ejercicio X1 se repartirá de la siguiente manera:

- 30% de impuesto de sociedades.

- 40% de dividendos.

- 30% de autofinanciación.

SOLUCIÓN 8

Cuenta de resultados (CR)-X2 (en um)	
Ventas	4.000
Coste materias vendidas (CMV)	(1.000)
Personal	(1.500)
TSE	(600)
Amortización	(200)
Resultado antes de impuestos (BAT)	700

Como se ha obtenido un resultado en X1 de 500, tenemos que el beneficio se reparte:

Impuesto de sociedades (30%)	150 um.
Dividendos (40%)	200 um.
Autofinanciación (30%)	150 um.

A continuación se indica el estado de tesorería y el balance a 31.12.X2:

Estado de tesorería (ET)-X2 (en um)		
Tesorería inicial (Ti)		1.000
Entradas de dinero		4.000
Ventas	4.000	
Salidas de dinero		(3.450)
Compras	(1.000)	
Personal	(1.500)	
TSE	(600)	
Impuesto de sociedades año X1	(150)	
Dividendos año X1	(200)	
Tesorería final (Tf)		1.550

Balance a 31.12.X2 (en um)

Activo		Patrimonio Neto y Pasivo	
IMB	2.000	Capital social	2.100
AA	(600)	Reservas	150
Tesorería	1.550	Resultado (BAT)	700
Total	2.950	Total	2.950

La partida de amortizaciones acumuladas (AA) ha pasado de 400 um a 600 um porque se han sumado las amortizaciones del ejercicio.

5.2 Desgravación de las pérdidas

Las pérdidas de los distintos ejercicios figurarán en el balance hasta que sean compensadas por ganancias iguales o superiores en ejercicios futuros. Esta compensación tiene efecto de desgravación fiscal, ya que a la hora de calcular los dividendos y el impuesto de sociedades, éstos se calculan sobre la base de la diferencia entre las ganancias del/ los último/s y las pérdidas acumuladas de ejercicios anteriores.

Existen alternativas para compensar las pérdidas, que no tienen el efecto de desgravación del sistema anterior, pero que son aplicables en ciertas situaciones financieras de la empresa:

- Compensación de las pérdidas con las reservas.
- Reducción del Capital social.
- Aportaciones compensatorias de los propietarios (en empresas individuales, comanditarias, etc., de menor tamaño que una SA).

Las pérdidas del ejercicio pasaran a una cuenta que se llama "Resultados ejercicios anteriores negativos (REA)".

Ejercicio 9

La empresa ABC presenta a finales del año Y3 el siguiente balance:

Balance a 31.12.Y3 (en um)

Activo		Patrimonio Neto y Pasivo	
IMB	3.000	Capital social	1.800
AA	(2.200)	Reservas	210
Existencias	0	REA año Y2	(300)
Tesorería	1.710	Rdo. antes impuestos Y3	800
Total	2.510	Total	2.510

Las operaciones, todas al contado, que se realizaran en el ejercicio Y4 son las siguientes:

- Venta de 100 uf a un precio de 40 um/uf.
- Compras 100 uf de mercaderías a 10 um/uf.
- El gasto de personal de 1.000 um.
- Gasto de TSE 1.200 um.
- Amortización del ejercicio de un 20% del valor del IMB.

La distribución del resultado del ejercicio Y3 será:

Impuesto de sociedades (30%).
Dividendos (50%).
Autofinanciación (20%).

Solución 9

En este ejercicio se producirá la compensación de las pérdidas. El reparto del beneficio de Y3 será como sigue:

Pérdidas Y2	(300) um
Ganancias Y3	800 um
Diferencia	500 um

El beneficio a repartir será de 500. El reparto será:

Impuesto de sociedades (30%) 150 um.

Dividendos (50%)   250 um.

Autofinanciación (20%) 100 um.

De esta manera, la cuenta de resultados será:

Cuenta de resultados (CR) -Y4 (en um)	
Ventas	4.000
Coste materias vendidas (CMV)	(1.000)
Personal	(1.000)
TSE	(1.200)
Amortización	(600)
Resultado antes de impuestos	200

Estado de tesorería (ET) - Y4 (en um)		
Tesorería inicial (Ti)		1.710
Entradas de dinero		4.000
Ventas	4.000	
Salidas de dinero		(3.600)
Compras	(1.000)	
Personal	(1.000)	
TSE	(1.200)	
Impuesto de sociedades Y3	(150)	
Dividendos Y3	(250)	
Tesorería final (Tf)		2.110

Como las pérdidas ya han sido compensadas, desaparecerán en el balance de Y4.

Balance a 31.12.Y4 (en um)

Activo		Patrimonio Neto y Pasivo	
IMB	3.000	Capital social	1.800
Amortización Acumulada	(2.800)	Reservas	310
Existencias	0	Rdo. antes de impuestos	200
Tesorería	2.110		
Total	2.310	Total	2.310

6

INVENTARIOS Y PÉRDIDAS

6.1. Pérdidas y tesorería: caso de pérdidas y tesorería positiva

Como hemos visto anteriormente, el resultado se determinaba a través de la cuenta de resultados, como expresión de los flujos económicos (gastos e ingresos), mientras que la tesorería se hallaba a través del estado de tesorería, como expresión de los flujos monetarios (cobros y pagos).

Aunque ambos flujos están claramente relacionados, puede haber ciertos desfases entre ellos; así, podemos encontrarnos con una situación de pérdidas y, en cambio, tener tesorería positiva.

6.2 Concepto de inventario. El balance de existencias en unidades físicas

Se entiende por *inventario* o existencias aquellos materiales -materias primas, productos en curso, productos terminados o mercaderías- que están en posesión de la empresa al final del ejercicio. Claramente forman parte del patrimonio de la empresa al final del ejercicio, por lo que figurarán en el activo del balance en el grupo de stock ó *existencias*.

En consecuencia, en la cuenta de resultados solamente figurarán como gastos el coste de aquella mercadería que se haya vendido ya que las existencias no se consideran como un coste de explotación sino como una inversión. Sin embargo, en la relación de pagos del estado de tesorería figurará el total de compras de mercaderías, sin distinguir qué parte se ha vendido y qué parte se destina a existencias.

Para saber cuántas unidades físicas de mercaderías se han vendido y cuántas se han destinado al almacén al final del ejercicio, se realiza el balance de *existencias en unidades físicas*. Este balance es:

Existencias iniciales + compras = existencias finales + ventas

Ejercicio 10

El balance de la empresa de compraventa RENSA a fecha 31-12-Y1 (en um) es:

Activo		Patrimonio Neto y Pasivo	
IMB	3.000	Capital social	1.800
Amortización Acumulada (A.A)	(1.000)	Reservas	200
Tesorería	50	Resultado (BAT)	50
Total	2.050	Total	2.050

Los datos de explotación, todo al contado, para el ejercicio Y2 serán:

- Compra al contado de 120 uf a un precio de 10 um/uf.
- Ventas al contado de 100 uf a un precio de 40 um/uf.
- Gastos de personal de 1.500 um.
- Gastos de trabajos y servicios del exterior (TSE) de 1.200 um.
- Amortización del ejercicio de un 20% del valor del IMB.

La distribución del resultado del ejercicio Y 1 será:

Impuesto de sociedades (30%)	15 um.
Dividendos (50%)	25 um.
Autofinanciación (20%)	10 um.

Hallar el balance de la empresa a 31.12.Y2

Solución **10**

En primer lugar, hay que notar que las uf compradas son superiores a las vendidas, por lo que quedará una cierta cantidad en inventario. El balance de existencias (en unidades físicas uf) permite hallar esa cantidad:

Existencias iniciales	+	Compras	=	Existencias finales	+	Ventas
0	+	120 uf	=	Existencias finales	+	100 uf

La diferencia entre las existencias finales y las iniciales es lo que llamamos "variación de existencias".

Coste materias vendidas = Existencias iniciales + Compras – Existencias finales = Compras + (Existencias iniciales – Existencias finales) = Compras +/- Variación existencias.

Existencias finales = 20 uf valoradas a precio de adquisición. Al final de Y2 tendremos existencias por valor de 200 um.

La cuenta de resultados será:

Cuenta de resultados (CR) - Y2 (en um)	
Ventas	4.000
Coste materias vendidas (CMV) (*) Personal TSE Amortización	(1.000) (1.500) (1.200) (600)
Resultado antes de impuestos	(300)

(*) No figura el valor total de las compras, sino el valor de las mercaderías que se han vendido, que es la parte de las compras que se destina a la explotación. El resto servirá para aumentar los inventarios.

El estado de tesorería será:

Estado de tesorería (ET) - Y2 (en um)	
Tesorería inicial (Ti)	50
Entradas de dinero Ventas 4.000	4.000
Salidas de dinero Compras(**) (1.200) Personal (1.500) TSE (1.200) Impuesto de sociedades X1 (15) Dividendos X1 (25)	(3.940)
Tesorería final (Tf)	110

(**) *A diferencia de la cuenta de resultados, en el estado de tesorería figura el valor total de las compras ya que se han pagado al contado, independientemente del destino de las mercaderías (productos vendidos o inventarios).*

La empresa ha tenido un resultado de explotación negativo, pero su tesorería es positiva: las ventas han sido suficientes para hacer frente a los pagos del ejercicio, pero los gastos han superado a los ingresos.

Al haber pérdidas, es claro que al año siguiente no se hará la distribución del resultado. Las pérdidas figurarán en el balance hasta que se compensen con ganancias de los siguientes ejercicios.

Balance de la empresa a 31 - 12 - Y2 será en um

Activo		Patrimonio Neto y Pasivo	
IMB AA Existencias Tesorería	3.000 (1.600) 200 110	Capital social Reservas Pérdidas	1.800 210 (300)
Total	1.710	Total	1.710

EJERCICIO **11**

Partiendo del balance a fecha 31-12-Y2, visto que en el ejercicio anterior hubo pérdidas, la dirección de RENSA introducirá ciertas variaciones en la gestión del siguiente ejercicio (Y3):

- Se venden 120 uf, aunque se compran únicamente 100 uf de mercaderías. Los precios de compra son a 10 um/uf y los de venta a 40 um/uf (lo mismos que en el ejercicio anterior).Todo se realiza al contado

- El gasto de personal se reduce a 1.000 um al contado.

- Los TSE pagados al contado son de 1.200 um.

- La amortización del inmovilizado es del 20%.

SOLUCIÓN **11**

El balance de existencias será ahora:

Existencias iniciales	+	Compras	=	Existencias finales	+	Ventas
20 uf	+	100 uf	=	Existencias finales	+	120 uf

Existencias finales = 0 uf. Se han eliminado las existencias.

Cuenta de resultados (CR) - Y3(en um)	
Ventas	4.800
Coste materias vendidas (CMV)	(1.200)
Personal	(1.000)
TSE	(1.200)
Amortización	(600)
Resultado antes de impuestos	800

El mayor volumen de ventas y la reducción de gastos de personal hacen que ahora el resultado sea positivo.

La reducción de las compras se reflejará en el estado de tesorería, donde el valor de las compras será inferior:

Estado de tesorería (ET) - Y3		um
Tesorería inicial (Ti)		110
Entradas de dinero		4.800
Ventas	4.800	
Salidas de dinero		(3.200)
Compras	(1.000)	
Personal	(1.000)	
TSE	(1.200)	
Tesorería final (Tf)		1.710

No hay pago de impuestos de sociedades y de dividendos, ya que la empresa tuvo pérdidas en el ejercicio anterior y las pérdidas aún no han sido compensadas. Las pérdidas figurarán en el balance del ejercicio Y3 minorando los fondos propios agrupadas en la cuenta **"Resultados ejercicios anteriores negativos (REA)"**:

Balance a 31.12.Y3 (en um)

Activo		Patrimonio Neto y Pasivo	
IMB	3.000	Capital social	1.800
AA	(2.200)	Reservas	210
Existencias	0	REA (Pérdidas Y2)	(300)
Tesorería	1.710	Resultado antes impuestosY3	800
Total	2.510	Total	2.510

6.3. Valoración de las existencias de mercaderías

Los métodos de valoración del stock son los procedimientos utilizados para valorar tanto las salidas de almacén como las existencias que quedan al final del periodo cuando tenemos diferentes entradas a distintos precios.

Cuando existen mercaderías con distintos precios de compra es necesario determinar de qué precio son las que se consumen. Por ejemplo: si la empresa tiene unas existencias iniciales de 50 uf a 9 um/uf y luego compra 100 uf a 10um/uf. El problema aparece si vendemos 30 uf de esas unidades ¿Qué precio de coste tienen las que salen? En este caso es necesario utilizar un método para poder valorar las existencias.

Los principales métodos usados son:

FIFO (first in, first out). Considera que la primera existencia que entra es la primera que sale. El coste de la venta, por tanto, será el más antiguo de los precios de adquisición existentes. En entornos inflacionistas valora a un mayor coste las existencias al considerar las últimas que son las más caras.
Según el ejemplo las unidades que se vende serán: 30uf a 9um/uf = 270um y las existencias finales serán : 20uf a 9um/uf y 100 uf a 10um/uf = 1.180um"

LIFO (last in, first out). Entiende que la última mercancía que entra es la primera que sale. En consecuencia, el valor de coste de la última venta será igual al precio de adquisición de la última mercancía comprada y, por tanto, quedan como existencias finales las entradas más antiguas. Según el ejemplo las unidades que se vende serán: 30uf a 10um/uf = 300um y las existencias finales serán : 50uf a 9um/uf y 70uf a 10um/uf = 1.150 um.

Precio Medio Ponderado (PMP). El valor de coste de la venta es la media ponderada de los distintos precios de entrada en función del volumen de unidades adquiridas a cada uno de los precios. Ello tiene como resultado, en las condiciones actuales del mercado, un coste intermedio entre los dos anteriores. Según el ejemplo el precio medio será: (50*9 + 100*10)/150uf =9,67 um /uf por lo tanto el coste de las ventas será d 30 uf a 9,67 = 290 um y las existencias finales serán =120 uf a 9,67 um/uf =1.160 um. Es el método recomendado por el PGC"

La elección del método depende de la conveniencia para la gestión y deberá seguir "el principio de uniformidad", es decir, adoptado un criterio de valoración, deberá mantenerse en el tiempo, salvo que existan razones extraordinarias que aconsejen su alteración.

Ejercicio 12

La empresa GARGA planea realizar las siguientes operaciones a lo largo del ejercicio X9:

5-Febrero. Compra, a crédito, de 50 uf de producto a un precio de 9 um/uf.

20-Mayo. Venta al contado de 60 uf de producto a 30 um/uf.

10-Septiembre. Compra al contado de 20 uf a 10 um/uf.

15-Octubre. Compra de 100 uf a 7 um/uf a crédito.

1-Diciembre. Venta de 120 uf, al contado, por 30 um/uf.

Las existencias iniciales en X9 eran de 40 uf de producto a 8 um/uf.

Determinar el valor de las existencias finales y el coste de la venta por:

a) método FIFO.

b) método LIFO.

c) método precio medio ponderado (PMP).

Nota: redondear los resultados.

SOLUCIÓN 12

Método FIFO

Fecha	Concepto	Uf.	precio	Importe	Uf.	precio	Importe	Existencias uf	Importe
1-01	Existencias	-----	-------	--------	-----	---------	---------	40	320
5-02	Compra	50	9	450				90	770
20-05	Venta	-----	--------	---------	60	40 a 8 20 a 9	500	30	270
10-09	Compra	20	10	200				50	470
15-10	Compra	100	7	700				150	1170
1-12	Venta	-----	--------	---------	120	30 a 9 20 a 10 70 a 7	960	30	210
							1460		

Existencias finales: 30 uf a 7 um/uf =210 um.
Coste de ventas = suma del importe de salida = 1.460 um.

Método LIFO

Fecha	Concepto	Uf.	precio	Importe	Uf.	precio	Importe	Existencias uf	Importe
1-01	Existencias	-----	-------	--------	-----	---------	---------	40	320
5-02	Compra	50	9	450				90	770
20-05	Venta	-----	--------	---------	60	50 a 9 10 a 8	530	30	240
10-09	Compra	20	10	200				50	440
15-10	Compra	100	7	700				150	1140
1-12	Venta	-----	--------	---------	120	100 a 7 20 a 10	900	30	240
							1430		

Existencias finales: 30 uf a 8 um/uf =240 um.
Coste de ventas = suma del importe de salida = 1.430 um.

PMP

Fecha	Concepto	Uf.	precio	Importe	Uf.	precio	Importe	Existencias uf	Importe
1-01	Existencias	------	--------	--------	-----	--------	--------	40	320
5-02	Compra	50	9	450				90	770
20-05	Venta	------	--------	----------	60	8,55	513	30	257
10-09	Compra	20	10	200				50	457
15-10	Compra	100	7	700				150	1157
1-12	Venta	------	--------	----------	120	7,71	925	30	232
							1438		

Existencias finales: 30 uf a 7,71 um/uf =232 um aproximadamente.
Coste de ventas = suma del importe de salida = 1.438 um.

6.4. La aplicación del IVA

El IVA es un tributo de naturaleza indirecta que recae sobre el consumo y grava: las entregas de bienes y prestaciones de servicios efectuadas por empresarios y profesionales, las adquisiciones intracomunitarias y las importaciones de bienes.

En la aplicación del impuesto por las empresas se pueden distinguir dos aspectos:
- Por sus ventas o prestaciones de servicios, repercuten a los adquirentes las cuotas de IVA que correspondan, con obligación de ingresarlas en el Tesoro. IVA repercutido.

- Por sus adquisiciones, soportan cuotas que tienen derecho a deducir en sus declaraciones liquidaciones periódicas. En cada liquidación se declara el IVA repercutido a los clientes, restando de éste el soportado en las compras y adquisiciones a los proveedores, pudiendo ser el resultado tanto positivo como negativo. IVA soportado.

Si el resultado es positivo debe ingresarse en el Tesoro.

Si es negativo y se declara trimestralmente, el resultado se compensa en las declaraciones-liquidaciones siguientes; en este caso, si al final del ejercicio, en la última declaración presentada, el resultado es negativo, se puede optar por solicitar la devolución o bien compensar el saldo negativo en las liquidaciones del ejercicio siguiente.

Las liquidaciones de este impuesto ante Hacienda se deben hacer del 1 a 20 de abril, julio, octubre y del 1 al 30 de enero.

Los tipos impositivos, desde el 1 de septiembre de 2012 pasaron a ser: tipo general del 21%, el tipo reducido 10% y el tipo superreducido del 4%.

A nivel práctico el IVA sólo afectará a la Tesorería por el IVA repercutido y por el IVA soportado y al Balance por la cantidad que hay que pagar o cobrar a Hacienda por la última liquidación.

EJERCICIO **13**

La sociedad MUSTA empieza su actividad con el siguiente balance de situación en um a fecha 1-1-Z1:

Activo	um	Patrimonio Neto y Pasivo	um
IMB	3.000	Capital social	3.500
Tesorería	500		
Total	3.500	Total	3.500

Durante el ejercicio la empresa realizará las siguientes operaciones al contado:

- Compra 100 uf de mercaderías a 10 um/uf.
- Venta de 100 uf de mercaderías a 40 um/uf.
- Gasto de personal por valor de 1.500 um.
- Gasto de TSE por 500 um.
- Amortización del IMB al 20% por el sistema constante.
- El IVA que se aplica es del 21%. Durante el año se pagará o cobrará la diferencia entre IVA repercutido e IVA soportado excepto ¼ parte que se cobrará/pagará en Z2.

Calcular:

El resultado antes de impuestos de Z1

El estado de tesorería de Z1

El balance a fecha 31-12-Z1

SOLUCIÓN **13**

Cuenta de resultados (CR) - Z1(en um)	
Ventas	4.000
Coste materias vendidas (CMV)	(1.000)
Personal	(1.500)
TSE	(500)
Amortización (3.000* 20%)	(600)
Resultado antes de impuestos (BAT)	400

Estado de tesorería (ET) - Z1(en um)		
Tesorería inicial (Ti)		500,00
+ Entradas de dinero		4.840,00
Ventas	4.000	
IVA repercutido (1)	**840**	
(-) Salidas de dinero		(3.708,75)
Compras	1.000	
IVA soportado (2)	**210**	
Personal	1.500	
TSE	500	
IVA soportado (3)	**105**	
HP acreedora por IVA (4)	393,75	
Tesorería final (Tf)		1.631,25

(1) Los clientes tienen que pagar las ventas más el IVA del 21% por lo tanto pagara 4.000 + 840.

(2) y (3) Tendremos que pagar a los proveedores y a los acreedores el importe de las compras y de los servicios más el 21% del IVA.

1000 + 210 en el caso de proveedores y 500 + 105 en el caso de los acreedores.

(4) La diferencia entre el IVA repercutido y el IVA soportado se ha de pagar a Hacienda (840 – 315 = 525 um). Se considera que ¾ partes se pagaran este año es decir 393,75 um y ¼ parte al año próximo es decir 131,25.

Balance a 31.12.Z1 (en um)

Activo	um	Patrimonio Neto y Pasivo	um
IMB	3.000,00	Capital social	3.500,00
A. Acumulada	(600,00)	Resultado (BAT)	400,00
Tesorería	1.631,25	HP acreedora IVA	131,25
Total	4.031,25	Total	4.031,25

Para simplificar el proceso, en la mayoría de los ejemplos y ejercicios no se considerará el IVA ya que como se puede ver con este ejercicio no influye en los resultados de la empresa.

7

La formación del activo corriente. Falta de tesorería

7.1. Cobros y pagos diferidos en el tiempo

Hasta ahora hemos supuesto que los pagos de existencias o mercaderías y los cobros por ventas se realizaban al contado. Sin embargo, es muy frecuente que estos cobros y pagos tengan cierto decalaje temporal (aplazamiento) con los ingresos y los gastos, respectivamente. Diremos, por ejemplo, que los cobros son a 90 días si los clientes efectúan el pago de los productos acabados 90 días después de haberlos recibido.

Aquí aparece clara la distinción entre *ingresos* (ventas efectuadas durante el ejercicio) y *cobros* (entradas de dinero). Paralelamente, existe la misma distinción entre *gastos* (consumos del ejercicio) y *pagos* (salidas de dinero).

Como ya sabemos, en la cuenta de resultados figurarán los ingresos y los gastos del ejercicio, con los que se calculará el resultado, y en el estado de tesorería los cobros y los pagos.

EJERCICIO **14**

La empresa ELP presenta a finales del ejercicio Z1 el siguiente balance:

Balance a 31.12.Z1 en um.

Activo		Patrimonio Neto y Pasivo	
IMB	3.000	Capital social	1.800
A Acumulada	(1.000)	Reservas	200
Tesorería	50	Resultado antes de impuestos	50
Total	2.050	Total	2.050

Los datos de explotación para el ejercicio Z2 serán:

- Compra de 120 uf a un precio de 10 um/uf. Pago a 90 días.

- Venta de 100 uf a un precio de 40 um/uf. Cobro a 90 días.

- Gastos de personal de 1.500 um.

- Gastos de trabajos y servicios del exterior (TSE) de 1.200 um. Pago a 30 días.

- Amortización 20% del valor de IMB.

- La distribución del resultado del ejercicio Z1 será:

Impuesto de sociedades (30%)	15 um.
Dividendos (50%)	25 um
Autofinanciación (20%)	10 um.

- La empresa considera que debe tener una tesorería final como mínimo de 10 um por lo que en caso de no conseguirlo puede utilizar una póliza de hasta 2.000 um, a un interés de un 20%.

Hallar el balance, el estado de tesorería y la cuenta de resultados de Z2.

SOLUCIÓN 14

En la cuenta de resultados se registran todos los ingresos y gastos del ejercicio, sin considerar si se han pagado o cobrado:

Cuenta de resultados (CR) - Z2(en um)	
Ventas	4.000
Coste materias vendidas (CMV) (*)	(1.000)
Personal	(1.500)
TSE	(1.200)
Amortización	(600)
Beneficio antes de interés e impuestos (BAIT)	(300)

(*) 20 uf quedan en existencias, valoradas en 200 um.

En el estado de tesorería sólo se registrarán las cantidades cobradas o pagadas. Entre corchetes, al lado de la cantidad cobrada o pagada, se indican las cantidades pendientes de cobro o pago.

Para calcular las cantidades que no han sido satisfechas en el ejercicio, puesto que no se conocen las fechas de las operaciones, se hará la suposición de estacionalidad despreciable, es decir, se considera que todos los días del año (año contable de 360 días) se ha vendido y comprado lo mismo.

Por ejemplo, si se ha vendido por valor de 4000 um a 90 días, quedarán por cobrar las ventas de los últimos 90 días del año. Con la suposición de estacionalidad despreciable valdrán:

4000 x 90 / 360 = 1.000 um.

En el estado de tesorería escribiremos:

Ventas   3.000 [1.000]

Es decir, 3000 um cobradas y 1000 um pendientes de pago. Lo mismo haremos con el resto de las cuentas.

Otra manera de verlo es a través del ratio de plazo de cobro:

Ratio Plazo cobro = Clientes *360 (considerando el año comercial) / ventas

Si sabemos que el plazo de cobro es de 90 días y que las ventas son de 4.000 um podemos calcular las deudas de los clientes.

90 = clientes * 360 /4.000 → clientes = 4.000 *90 /360 = 1.000.

Por lo tanto tendremos unas ventas de 4.000 de las cuales cobraremos 3.000 y nos dejaran a deber 1.000.

El estado de tesorería del ejercicio será:

Estado de tesorería (ET) - Z2 (en um)		
Tesorería inicial (Ti)		50
Entradas de dinero Ventas	3.000 [1.000]	3.000
Salidas de dinero Compras(1) Personal TSE (2) Impuesto de sociedades Z1 Dividendos Z1	900 [300] 1.500 1.100 [100] 15 25	(3.540)
Tesorería final (Tf)		(490)

(1) Para saber lo que dejamos a deber a los proveedores, hacemos lo mismo que anteriormente con los clientes. Si el plazo de pago es a 90 días, al no considerar la estacionalidad, los últimos 90 días de compras se pagarán al año próximo. 1.200 x 90 / 360 = 300 um.

También se puede obtener despejando el ratio de Plazo de pago = Proveedores *360/ Compras que nos dará: Proveedores = 1.200*90/360.

(2) Se aplica lo mismo para saber lo que dejamos a deber a los acreedores por los TSE.

Plazo de pago = Acreedores *360 / Gasto en TSE → Acreedores = 1.200 *30 / 360 = 100 um.

Viendo el Estado de tesorería, los aplazamientos en los cobros serán superiores a los de los pagos, lo que hace que aparezca tesorería negativa. Este hecho indica que la empresa no tendrá liquidez suficiente para hacer frente a los pagos, por lo que tiene dos opciones:

- Dejar a deber a los proveedores y a los suministradores de TSE alguna cantidad,

- Pedir un préstamo bancario para tener el capital suficiente para pagar a los proveedores.

Supondremos que la empresa escoge la segunda opción, calculando el valor de líquido que se tomará del préstamo. Para calcularlo, hemos de tener en cuenta que esto generará gastos financieros en el mismo ejercicio en que se haya pedido.

falta de tesorería

Cuando el presupuesto de tesorería es negativo para calcular el valor del préstamo. Éste se puede calcular de la siguiente manera:

Ti + Entradas de dinero = Salidas de dinero + Tf

Ti + Entradas + **préstamo** = Salidas + **intereses** + Tf

Ti + Entradas + **préstamo** = Salidas + **ti x préstamo** + Tf

préstamo - ti x préstamo = Salidas + Tf - Ti – Entradas

préstamo = ([Salidas-Entradas] + [Tf-Ti]) **/ (1-ti)**

Siendo Ti = tesorería inicial y Tf= tesorería final

Figura 11. *Determinación del préstamo*

Como el valor de los gastos financieros depende de cuándo se haya pedido el préstamo, ya que los intereses se calculan en la práctica sobre el saldo medio ponderado, se adoptará la hipótesis más conservadora y los gastos financieros se calcularán sobre el saldo máximo del préstamo. La repercusión del préstamo en el estado de tesorería está indicada en subrayado. Llamamos "**x**" al valor del préstamo (llamado principal) para disponer a final del ejercicio de una tesorería de 10 um. En este ejercicio se supondrá que los intereses son del 20% anual, se pide el dinero a principios del año y hasta dentro de 2 años no habrá que devolver nada del principal del préstamo (carencia).

El valor del préstamo se obtiene mediante la identidad que rige el estado de tesorería:

Ti	+	Entradas de dinero	=	Salidas de dinero	+	Tf
50	+	3.000 + **x**	=	3.540 + 0,2 x	+	10

Siendo:

x= principal del préstamo
$0,2\,x$ = intereses del préstamo

Resolviendo la ecuación resultante, obtendremos el valor del préstamo y de los gastos financieros generados:

$x = 625$ um. (préstamo)
$0,2\,x = 125$ um. (gastos financieros)

Estado de tesorería (ET) - Z2(en um) **Después del préstamo**			
Estado de tesorería (ET)			50
Entradas de dinero Ventas *Préstamo*	 3.000 *x = 625*	 [1.000]	3.625
Salidas de dinero Compras Personal TSE Impuesto de sociedades Z Dividendos Z *Gastos financieros*	 900 1.500 1.100 15 25 *0,2 x = 125*	 [300] [100]	(3.665)
Tesorería final (Tf)			10

Los gastos financieros se deducirán del resultado, por lo que una primera consecuencia de la falta de liquidez es la disminución del resultado (aumento de las pérdidas en este caso) debido a los gastos financieros:

Cuenta de resultados modificada (en um)

Beneficio antes de intereses e impuestos(BAIT ó BAII)	(300)
Gastos financieros	(125)
Beneficio antes de impuestos (BAT o BAI)	(425)

En el balance, finalmente, figurarán tanto las cantidades pendientes de cobro (clientes) como las pendientes de pago (proveedores de mercadería, acreedores por TSE), así como el importe del préstamo, en su condición de deuda de la empresa con la entidad financiera.

Balance 31.12.Z2 (en um)

Activo		Patrimonio Neto y Pasivo	
IMB	3.000	Capital social	1.800
AA	(1.600)	Reservas	210
Existencias	200	Pérdidas	(425)
Clientes	1.000	Préstamo a Largo Plazo (*)	625
Tesorería	10	Acreedores TSE	100
		Proveedores	300
Total	2.610	Total	2.610

(*) se considera a largo plazo ya que hay que devolverlo a un plazo superior a un año

7.2. Problemas de falta de tesorería: repercusión en la empresa y posibles soluciones

Las situaciones de tesorería negativa son peligrosas porque obligan a la empresa a endeudarse, con la consiguiente carga de gastos financieros y la necesidad de devolver el préstamo.

A pesar de que la empresa puede ver limitado su campo de acción por las condiciones del sector en que actúa, puede plantearse algunas medidas para evitar problemas de tesorería:

• Hacer siempre que sea posible, que el plazo de cobro de los clientes sea inferior al de pagos a proveedores.

• Si puede haber problemas de tesorería, no invertir en existencias, comprando exclusivamente por el valor de las ventas, e incluso liquidando existencias. De esta manera se reducen los pagos por compras de materias primas o de mercaderías.

- Si se espera una tesorería final elevada, por ejemplo por un aumento de la actividad, es aconsejable destinar una parte de ésta a la devolución de préstamos, a fin de reducir los gastos financieros y de esta manera mejorar el resultado.

7.3. El concepto de activo y pasivo corriente. El fondo de maniobra

De lo visto en el ejercicio anterior, se distinguen claramente en el activo dos partes de naturaleza bien diferenciada:

- Un activo que está vinculado a la empresa durante varios ejercicios, y de cuya explotación se deriva la actividad de la empresa. Es el *activo no corriente,* representado aquí con el IMB.

- Un activo destinado a cambiar de naturaleza a corto plazo: la partida de clientes se convertirá en tesorería cuando éstos satisfagan sus deudas, las existencias se convertirán en coste de mercaderías y la tesorería servirá para afrontar los pagos del ejercicio siguiente. Es el *activo corriente.*

En cuanto al Patrimonio Neto y Pasivo, podemos hacer una clasificación parecida:

- Unas partidas que constituyen una fuente de financiación a largo plazo: unas de financiación propia (capital social, reservas, amortizaciones) llamado "Patrimonio Neto" y otras de financiación ajena a largo plazo (préstamos a largo plazo) llamado "Pasivo no corriente". Estas partidas constituyen la financiación a largo plazo o *Recursos Permanentes.*

- Otras partidas de Pasivo, en cambio, constituyen una financiación a corto plazo: pagos aplazados a los suministradores de materia prima y TSE, préstamos a corto plazo para cubrir necesidades de tesorería. Estas partidas forman el Pasivo corriente o *Pasivo a Corto Plazo*

Es recomendable que el activo corriente sea algo mayor que el pasivo corriente, es decir, que parte del activo corriente esté financiado con deuda a largo plazo.

A la diferencia entre activo corriente y pasivo corriente se le llama *fondo de maniobra*:

> Fondo de maniobra = Activo corriente – Pasivo corriente

Por lo dicho anteriormente, este valor debería ser siempre positivo.

Un fondo de maniobra positivo supone que la empresa tendrá activo corriente, financiado en parte por pasivo no corriente o pasivo a largo plazo. Lo contrario podría significar que la empresa tendrá problemas para hacer frente a la deuda a corto plazo, si no es a costa de un mayor endeudamiento. Sin embargo, algunas empresas de elevada rotación pueden presentar fondo de maniobra negativo sin suspender pagos.

El Fondo de Maniobra:

Conjunto de recursos a largo plazo de una empresa que son necesarios para la realización de sus actividades normales.

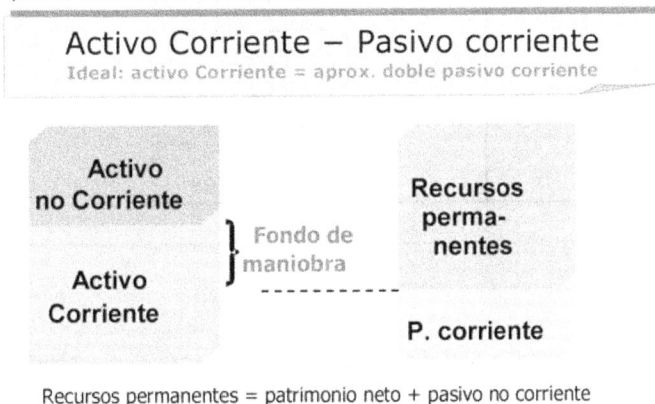

Activo Corriente – Pasivo corriente
Ideal: activo Corriente = aprox. doble pasivo corriente

Activo no Corriente

} Fondo de maniobra

Activo Corriente

Recursos perma-nentes

P. corriente

Recursos permanentes = patrimonio neto + pasivo no corriente

Figura 12. *El Fondo de Maniobra*

7.4. La financiación por préstamos: principal e intereses

En los ejemplos anteriores se han introducido los préstamos como fuente de financiación. Cabe indicar que esta financiación hace que la empresa contraiga dos obligaciones:

- El pago de forma anual de un interés, proporcional al capital prestado, que se descontará del BAIT, por lo que afectará al resultado.

- La *devolución del principal*, o montante de la cantidad prestada, en las condiciones pactadas con la entidad financiera. La parte no devuelta figurará en una cuenta del patrimonio neto y pasivo. La cantidad devuelta en el ejercicio sólo figurará en el estado de tesorería, y no en la cuenta de resultados, por no tratarse de una actividad de explotación.

EJEMPLO **15**

La empresa BUSSA presenta, a finales de Z2, el siguiente balance en um.

Balance 31.12.Z2

Activo		Patrimonio Neto y Pasivo	
IMB	3.000	Capital social	1.800
AA	(1.600)	Reservas	210
Existencias (*)	200	Pérdidas	(425)
Clientes	1.000	Préstamo a Largo Plazo	625
Tesorería	10	Acreedores TSE	100
		Proveedores	300
Total	2.610	Total	2.610

(*) 20 uf a 10 um/uf

La empresa tiene pensado las siguientes operaciones para el ejercicio Z3:

- Compra de 100 uf a un precio de 10 um/uf. Pago a 90 días.
- Venta de 120 uf a un precio de 40 um/uf. Cobro a 90 días.
- Gastos de personal de 1.000 um.
- Gastos de trabajos y servicios del exterior (TSE) de 1.200 um. Pago a 60 días.
- Amortización del ejercicio de un 20% del valor del IMB.

Además deberá devolver a finales de este ejercicio 300 um del préstamo pedido en el ejercicio anterior. El interés será de un 20% sobre el saldo más desfavorable del ejercicio.

Comprobar que hay tesorería suficiente para hacer frente a la devolución del préstamo, y hallar el balance al final del ejercicio.

SOLUCIÓN 15

En la cuenta de resultados no figurará la devolución del préstamo pues no se considera al calcular el beneficio:

Cuenta de resultados (CR) - Z3 (en um)	
Ventas	4.800
Coste materias vendidas (CMV)	(1.200)
Personal	(1.000)
TSE	(1.200)
Amortización	(600)
BAIT	800
Gastos financieros	(125)
Resultado antes de impuestos	675

Los gastos financieros se calculan sobre el saldo más desfavorable del ejercicio, que en este ejercicio es la totalidad del préstamo. Las compras han sido menores que las ventas, por lo que se emplearán 20 uf del inventario para ventas y éste desaparecerá. Ahora, en el estado de tesorería, en los cobros y pagos de explotación, figurará el pago de devolución del préstamo. Además, la empresa cobrará la partida del cliente del balance del año anterior y liquidará las deudas pendientes de pago del año anterior presentes en el balance:

Estado de tesorería (ET) - Z3 (en um)		
Tesorería inicial (Ti)		10
Entradas de dinero Ventas Clientes Z2	 3.600 [1.200] 1.000	4.600
Salidas de dinero Proveedores Z2 Acreedores TSE Z2 **Devolución préstamo** Compras Personal TSE **Gastos financieros**	 300 100 **300** 750 [250] 1.000 1.000 [200] **125**	(3.575)
Tesorería final (Tf)		1.035

Por el Estado de Tesorería, vemos que hay bastante tesorería para devolver el préstamo, incluso podemos afirmar que hay un exceso de tesorería. Se podría haber devuelto íntegramente el préstamo sin tener problemas de tesorería, lo que habría hecho mejorar el resultado de los ejercicios siguientes al disminuir los gastos financieros.

En el balance figurará la parte del préstamo que todavía no se ha devuelto:

Balance a 31.12.Z3 (en um)

Activo		Patrimonio Neto y Pasivo	
IMB AA Existencias Clientes Tesorería	3.000 (2.200) 0 1.200 1.035	Capital social Reservas Pérdidas Z2 Rdo. antes de impuestos Z3 Préstamo a LP Acreedores TSE Proveedores	1.800 210 (425) 675 325 200 250
Total	3.035	Total	3.035

EJEMPLO **16**

La empresa BUSSA a partir del balance del año Z3, presenta la siguiente información:

Balance a 31.12.Z3 (en um)

Activo		Patrimonio Neto y Pasivo	
IMB	3.000	Capital social	1.800
AA	(2.200)	Reservas	210
Existencias	0	Pérdidas Z2	(425)
Clientes	1.200	Rdo. antes de impuestos Z3	675
Tesorería	1.035	Préstamo a LP	325
		Acreedores TSE	200
		Proveedores	250
Total	3.035	Total	3.035

Realizará las siguientes operaciones en Z4:

- Compra de 100 uf a un precio de 10 um/uf. Pago a 90 días.
- Venta de 100 uf a un precio de 40 um/uf. Cobro 90 días.
- Gastos de personal de 1.000 um.
- Gastos de trabajos y servicios del exterior (TSE) de 1.200 um. Pago a 60 días.
- Amortización del ejercicio de un 20% del valor del IMB.
- Al final del presente ejercicio, se termina de devolver la póliza bancaria. (interés del préstamo 20%).
- La distribución del resultado del ejercicio Z3 será: Impuesto de sociedades 30%, Dividendos 50% y Autofinanciación 20%.

SOLUCIÓN **16**

El resultado que se repartirá será la diferencia entre las ganancias de Z3 y las pérdidas de Z2, por lo que tendremos:

- Pérdidas Z2   (425)
- Resultado Z3   675
- Resultado a repartir 250:

impuesto de sociedades: 75 um.
dividendos: 125 um.
autofinanciación: 50 um.

La cuenta de resultados y el estado de tesorería serán:

Cuenta de resultados (CR) - Z4 (en um)	
Ventas	4.000
Coste materias vendidas (CMV)	(1.000)
Personal	(1.000)
TSE	(1.200)
Amortización	(600)
BAIT	200
Gastos financieros (*)	(65)
BAT	135

(*) *Ahora los gastos financieros se calculan sobre las 325 um del préstamo.*

Estado de tesorería (ET) - Z4			um
Tesorería inicial (Ti)			1.035
Entradas de dinero			4.200
Ventas	3.000	[1.000]	
Clientes Z3	1.200		
Salidas de dinero			(3.790)
Impuesto sociedades	75		
Dividendos	125		
Proveedores Z3	250		
Acreedores TSE Z2	200		
Devolución préstamo	325		
Compras	750	[250]	
Personal	1.000		
TSE	1.000	[200]	
Gastos financieros	65		
Tesorería final (Tf)			1.445

Balance a 31.12.Z4 (en um)

Activo		Patrimonio Neto y Pasivo	
IMB	3.000	Capital social	1.800
AA	(2.800)	Reservas	260
Existencias	0	Rdo. antes de impuestos	135
Clientes	1.000	Acreedores TSE	200
Tesorería	1.445	Proveedores	250
Total	2.645	Total	2.645

El balance al final del ejercicio nos presenta una empresa que se ha deshecho de sus deudas a corto plazo, aunque presenta dos datos negativos:

- un exceso de tesorería (dinero ocioso).
- un IMB de un valor neto contable de 200 um, frente a las 3.000 um iniciales.

Esto último significa que la empresa debería realizar una inversión para reponer el activo. La incidencia de esta inversión en el modelo renta - riqueza es objeto del apartado siguiente.

8

INFLUENCIA DE LAS INVERSIONES Y SU FINANCIACIÓN

8.1. Financiación y pago de las inversiones en inmovilizado

Una vez el inmovilizado ha perdido su funcionalidad (fin de la vida de la maquinaria, naves industriales que no se ajustan a las necesidades de la empresa, etc.) cabe plantearse su renovación.

Con el fin de adquirir disponible para comprar el inmovilizado, la empresa tiene dos opciones de financiación:

- *Préstamo bancario:* una entidad financiera aporta liquidez a la empresa con la contrapartida de unos gastos financieros. Para una correcta financiación, este préstamo bancario deberá ser a largo plazo.

- *Ampliación de capital:* es una operación de financiación empresarial que consiste en aumentar los fondos propios de una sociedad, es decir, incrementar su capital social. Los propietarios de la empresa aportan el capital necesario para la compra del inmovilizado, con la esperanza de que así se incrementen sus dividendos. En una S.A., esta aportación se hará por una emisión de acciones. El desembolso de los accionistas puede realizarse en varios ejercicios (al igual que en la constitución de la sociedad, la ley de sociedades, TRLSA, exige un desembolso mínimo del 25 por 100 del valor nominal de las acciones suscritas así como la totalidad de la prima de emisión de acciones si la hubiere). La parte aún no desembolsada figurará en el patrimonio neto del balance (en negativo) dentro de la partida de *accionistas desembolsos no exigidos* (A.D. N. E). La emisión de acciones puede realizarse a la par, es decir, por el valor nominal de las acciones nuevas, aunque también se puede hacer sobre la par, de tal manera que aquellos inversores que deseen acudir a la ampliación deberán pagar una cantidad adicional, que se añade a las reservas de la compañía y que se denomina **Prima de Emisión**. La emisión de acciones bajo par (importe inferior al valor nominal) está prohibida.

Se puede recurrir también a una financiación mixta, parte con ampliación de capital y parte con préstamo bancario.

Una vez obtenido el disponible por las fuentes de financiación, se procede al pago del inmovilizado, que puede efectuarse en varios ejercicios para evitar problemas de tesorería. La parte no pagada figurará en el pasivo como *acreedores de la inversión* o "proveedores de inmovilizado".

La financiación de la inversión figurará en el *programa de financiación*, mientras que su forma de pago constituirá el *programa de inversiones*. Ambos deben coordinarse de manera que los posibles aplazamientos en la financiación se correspondan con aplazamientos en el pago, a fin de evitar problemas de falta de tesorería.

Finalmente, cabe recalcar que este proceso es ajeno a la actividad de explotación de la empresa, que es la generadora de riqueza, por lo que sólo figurarán en la cuenta de resultados los gastos financieros que se deriven de la financiación.

A continuación figura un ejemplo de inversión en inmovilizado financiado de manera mixta:

EJEMPLO **17**

La empresa BUSSA presenta, a finales de Z4, el siguiente balance en um.

Balance a 31.12.Z4

Activo		Patrimonio Neto y Pasivo	
IMB	3.000	Capital social	1.800
AA	(2.800)	Reservas	260
Existencias	0	Rdo. antes de impuestos	135
Clientes	1.000	Acreedores TSE	200
Tesorería	1.445	Proveedores	250
Total	2.645	Total	2.645

Para el ejercicio Z5 la empresa se plantea realizar las siguientes operaciones:

- Compra 120 uf a un precio de 10 um/uf. Pago a 90 días
- Venta 100 uf a un precio de 40 um/uf. Cobro 90 días
- Gastos de personal de 1.000 um.
- Gastos de trabajos y servicios del exterior (TSE) de 1.200 um. Pago a 60 días.
- Amortización del ejercicio de un 20% del valor del IMB.
- El resultado del ejercicio Z4 se distribuye de la siguiente manera:

Impuesto de sociedades (30 %)	40,5 um.
Dividendos (30 %)	40,5 um.
Autofinanciación (40 %)	54,0 um.

Visto que el IMB está en el final de su vida útil, la empresa decide realizar al final del ejercicio una inversión en inmovilizado de las siguientes características:

- Inversión por valor de 6.000 um, con una vida útil de 10 años y valor residual cero, que empieza a amortizarse a partir del ejercicio Z6.
- El pago de la inversión se realiza de tal manera que el 80% se abona en el ejercicio Z5 y el resto en Z6.

Para la financiación de la inversión, se escoge una solución mixta entre aportación de capitales propios y préstamo bancario:

- El 50% del valor se financia por emisión de acciones, suscritas en su totalidad. El 50% de su valor se desembolsa en Z5, y el resto en Z6.
- El 50% restante se financia con un préstamo a largo plazo, con un 10% de interés a pagar a partir de Z6. El principal se devolverá en su totalidad a finales de Z8.

Caso de falta de liquidez, la empresa dispone de una póliza bancaria de hasta 3.000 um con un interés de un 20% sobre el saldo máximo del ejercicio.

SOLUCIÓN **17**

En la cuenta de resultados (en um) sólo figurará la actividad de explotación, y no así la inversión y su financiación:

Cuenta de resultados (CR) - Z5	
Ventas	4.000
Coste materias vendidas (CMV)	(1.000)
Personal	(1.000)
TSE	(1.200)
Amortización (1)	(200)
BAIT	600
Gastos financieros (2)	(0)
Resultado antes de impuestos (BAT)	600

(1) Aunque la amortización es del 20% del inmovilizado (600 um), a fecha 1 de enero de Z5 su valor neto contable (3.000 – 2.800) es de 200 um por lo que sólo podremos amortizar esa cantidad. Al final del ejercicio, el valor neto del IMB será nulo, significando que ya no es operativo.

(2) Los gastos financieros serán cero ya que se ha determinado que se empiezan a tener gastos en el año Z6.

En el estado de tesorería figurarán los cobros y pagos de la empresa asociados a la compra del IMB, y en el balance figurará el IMB incrementado y se verán reflejadas en las fuentes de financiación. Este proceso se alargará, en este caso, al próximo ejercicio.

El estado de tesorería (en um) donde se han destacado las partidas referentes a la compra de inmovilizado, será:

Estado de tesorería (ET)- Z5		
Tesorería inicial (Ti)		1.445
Entradas de dinero		8.500
Ventas	3.000 [1.000]	
Clientes Z4	1.000	
Ampliación de capital (3)	*1.500 [1.500]*	
Préstamo largo plazo	*3.000*	
Salidas de dinero		(8.231)
Impto. de sociedades + dividendos	81	
Proveedores Z4	250	
Acreedores. TSE Z4	200	
Compras	900 [300]	
Personal	1.000	
TSE	1.000 [200]	
Pago inmovilizado	*4.800 [1.200]*	
Tesorería final (Tf)		1.714

(3) La ampliación del capital será de 3.000 um pero sólo se cobrará el 50% este año y el resto en el año siguiente. Esta ampliación no supone ningún gasto a la empresa.

Vemos que la financiación ha permitido que la compra del IMB no suponga un problema de tesorería en este ejercicio. El balance final reflejará la nueva situación del inmovilizado y las fuentes de financiación:

Balance en um a 31.12.Z5

Activo		Patrimonio Neto y Pasivo	
IMB (4)	9.000	*Capital social (5)*	*4.800*
AA	(3.000)	*A.D.N.E (6)*	*(1.500)*
Existencias	200	Reservas	314
Clientes	1.000	Rdo. antes impuestos	600
Tesorería	1.714	*Préstamo L.P.*	*3.000*
		Acreedores TSE	200
		Proveedores	300
		Proveedores inmovilizado(7)	1.200
Total	8.914	Total	8.914

(4) 3000 um del IMB viejo + 6000 um del IMB nuevo.

(5) El CS al inicio era de 1.800 um y ahora hay que sumarle la ampliación (se cobre o no) de 3.000 um.

(6) ADNE significa "accionistas desembolsos no exigidos" y refleja lo que nos deben los accionistas. Siempre aparece en el patrimonio neto pero en negativo.

(7) La deuda con los vendedores del nuevo inmovilizado aparece en la cuenta "proveedores de inmovilizado".

8.2. Inversiones financieras

Si la empresa dispone de suficiente liquidez, puede plantearse realizar inversiones en valores mobiliarios -acciones de otras empresas-, con el fin de obtener un rendimiento anual.

Según el tiempo que permanezcan en la empresa, la inversión financiera podrá formar parte del activo no corriente (Inversiones financieras a largo plazo) o del corriente (inversiones financieras a corto plazo).

Los rendimientos obtenidos por estas inversiones modificaran el resultado financiero de la cuenta de resultados.

El ejemplo siguiente es una continuación del anterior. Se acaba de pagar la inversión, al recibir la financiación pendiente y se realiza una inversión financiera.

EJEMPLO **18**

La empresa BUSSA continuara su actividad en el año Z6 con el balance al final de Z5 que será:

Balance, en um, a 31.12.Z5

Activo		Patrimonio Neto y Pasivo	
IMB (*)	9.000	Capital social	4.800
AA (**)	(3.000)	A.D.N.E	(1.500)
Existencias	200	Reservas	314
Clientes	1.000	Resultado antes impuestos	600
Tesorería	1.714	Préstamo L.P.	3.000
		Acreedores TSE	200
		Proveedores	300
		Proveedores del inmovilizado	1.200
Total	8.914	Total	8.914

(*) está formado por dos inmovilizados el primero por valor de 3.000 um totalmente amortizado y otro por valor de 6.000 um con amortización en 10 años.
(**) es la amortización acumulada del primer inmovilizado.

La inversión en el inmovilizado ha hecho que la empresa aumente las ventas por lo que las operaciones realizadas este año serán:

* Compra de 1.000 uf a un precio de 10 um/uf. Pago al contado.
* Venta de 500 uf. a un precio de 40 um/uf. Cobro a 90 días.
* Gastos de personal de 1.500 um.
* Gastos de trabajos y servicios exteriores (TSE) de 1.800 um. Pago a 60 días.
* Se cobrará este año la deuda de los accionistas (ADNE) y se pagará la deuda por el inmovilizado.
* El préstamo a largo plazo tiene un interés del 10% anual

La distribución del resultado del ejercicio Z5 será:
        Impuesto de sociedades (30%)   180 um.
        Dividendos (70%)   420 um.

Además, la empresa realizará una inversión financiera a largo plazo de 1.000 um, pagadas al contado al principio del año y que produce una rentabilidad del 10% anual a partir del presente ejercicio.

SOLUCIÓN 18

El rendimiento de la inversión financiera se añadirá al resultado.

Cuenta de resultados (CR) - Z6 (en um)	
Ventas	20.000
Coste materias vendidas (CMV)	(5.000)
Personal	(1.500)
TSE	(1.800)
Amortización	(600)
BAIT	11.100
Gastos financieros	(300)
*Ingresos inversión (1000 um *10%)*	*100*
BAT	10.900

En cuanto a los Inventarios, es conveniente realizar el balance de existencias (en unidades físicas):

Existencias finales = 520 uf = 5.200 um.

Existencias iniciales + compras = existencias finales + ventas
20 + 1.000 = x + 500

Existencias finales = 520 uf = 5.200 um.

El estado de tesorería, en el que se reflejará el pago de las inversiones en inmovilizado y financiera, además de la explotación, será:

Estado de tesorería (ET) - Z6 (en um)			
Tesorería inicial (Ti)			1.714
Entradas de dinero			17.600
Ventas	15.000	[5.000]	
Clientes Z5	1.000		
A.D. N. E	1.500		
Cobro intereses de la inversión financiera	100 *(ingresos financieros)*		
Salidas de dinero			(16.600)
Impto. sociedades + div	600		
Proveedores Z5	300		
Acreedores TSE Z5	200		
Pago inversión financiera	1.000		
Compras	10.000		
Personal	1.500		
TSE	1.500	[300]	
Proveedor inmovilizado	*1.200*		
Gastos financieros	*300*		
Tesorería final (Tf)			2.714

El balance será:

Balance a 31.12.Z6 (en um)

Activo		Patrimonio Neto y Pasivo	
IMB	9.000	Capital social	4.800
AA	(3.600)	Reservas	314
Inversión financiera	*1.000*	BAT	10.900
Existencias	5.200	Préstamo L.P.	3.000
Clientes	5.000	Acreedores TSE	300
Tesorería	2.714		
Total	19.314	Total	19.314

9

DESINVERSIÓN Y RESULTADOS PROCEDENTES DE ACTIVOS NO CORRIENTES

A la hora de desprenderse de un inmovilizado que ha dejado de ser funcional, hay que tener en cuenta el valor real del inmovilizado, que será su *valor neto contable* (valor IMB menos amortización acumulada). La diferencia entre el valor por el que se ha hecho efectiva la venta y el valor neto contable del IMB será *el resultado procedente de activos no corrientes obtenido por la desinversión, que se deberá incluir en el resultado de explotación.*

A continuación analizaremos dos ejercicios de desinversión:

EJEMPLO **19**

La empresa ELP presenta en el año Y1 el siguiente balance en um:

Balance a 31.12Y1 (en um)

Activo		Patrimonio Neto y Pasivo	
IMB 1	3.000	Capital social	10.000
AA IMB1	(3.000)	Reservas	200
IMB 2	6.000	BAT	100
AA IMB 2	(600)	Proveedores	1.000
Existencias (200 uf a 10 um/uf)	2.000	Acreedores TSE	300
Clientes	3.000		
Tesorería	1.200		
Total	11.600	Total	11.600

En Y2 tiene planeadas las siguientes operaciones:

- Ventas de 400 uf, a un precio de venta de 40 um/uf. Cobro a 90 días.
- Compras de 200 uf, a un precio de compra de 10 um/uf. Pago a 90 días.
- Gastos de personal de 1.500 um, al contado.
- Gastos de TSE de 1.400, con pago a 90 días.
- La amortización de los inmovilizados es del 10%.

El resultado del ejercicio anterior se distribuye como:

Impuesto de sociedades (30%)	30 um
Dividendos (60%)	60 um
Reservas (10%)	10 um

Además, al final del ejercicio se desea vende el IMB 1 por 200 um que se cobra al contado:

SOLUCIÓN 19

Cuenta de resultados (en um)- Y2	
Ventas	16.000
Coste materias vendidas (CMV)	(4.000)
Personal	(1.500)
TSE	(1.400)
Amortización	(600)
Beneficio de la venta del inmovilizado (*)	200
BAIT	8.700

Balance de existencias (en unidades físicas):

Existencias iniciales + compras = existencias finales + Ventas
200   +   200   =   x   +   400

Existencias finales = 0 uf.

(*)El resultado de vender el IMB 1 por 200 um es de:

Valor venta IMB		200
IMB AA	3.000 (3.000)	
Valor neto IMB		0
Resultado venta inmovilizado		200

En el estado de tesorería figurará el pago recibido por la venta del inmovilizado:

Estado de tesorería (ET) - Y2 (en um)			
Tesorería inicial (Ti)			1.200
Entradas de dinero			15.200
Ventas	12.000	[4.000]	
Clientes	3.000		
Cobro venta IMB	**200**		
Salidas de dinero			(5.440)
Impuesto sociedades	30		
Dividendos	60		
Acreedores de TSE	300		
Compras	1.500	[500]	
Personal	1.500		
TSE	1.050	[350]	
Proveedores	1.000		
Tesorería final (Tf)			10.960

En el balance, desaparecerá el IMB que se ha vendido, además de sus amortizaciones asociadas:

Balance a 31.12.Z7 (en um)

Activo		Patrimonio Neto y Pasivo	
IMB	6.000	Capital social	10.000
AA	(1.200)	Reservas	210
Clientes	4.000	Resultado	8.700
Tesorería	10.960	Acreedores TSE	350
		Proveedores	500
Total	19.760	Total	19.760

EJEMPLO **20**

La empresa VIDELP presenta en el año X1 el siguiente balance en um:

Balance a 31.12X1 (en um)

Activo		Patrimonio Neto y Pasivo	
Maquinaria	3.000	Capital social	5.000
AA maquinaria	(600)	Reservas	200
Existencias (100 uf a 8 um/uf)	800	Perdidas X1	(100)
Clientes	2.000	Proveedores	1.000
Tesorería	900		
Total	6.100	Total	6.100

En X2 la empresa realizará las siguientes operaciones:

- Ventas de 100 uf, a un precio de venta de 40 um/uf. Cobro a 36 días.
- Compras de 100 uf, a un precio de compra de 10 um/uf. Pago a 36 días.
- Las existencias se valoran por el Precio medio ponderado (PMP).
- Gastos de personal de 1.500 um, al contado.
- Gastos de TSE de 1.200 um, con pago a 30 días.
- La amortización del inmovilizado es del 20%.

Además, a fecha 1 de julio de X2 se desea vende la maquinaria por 1.900 um que se cobraran en X3:

SOLUCIÓN **20**

Cuenta de resultados (en um) - X2	
Ventas	4.000
Coste materias vendidas (CMV) (1)	(900)
Personal	(1.500)
TSE	(1.200)
Amortización (2)	(300)
Resultado de la venta del inmovilizado (3)	(200)
BAIT	(100)

(1) Método PMP = (100*8 + 100*10) / 200 = 9 um/uf.
CMV = 100 *9 = 900.
(2) Amortización 20% 3000 = 600 en todo el año pero se vende a mitad del año luego sólo se puede amortizar la mitad es decir 300 um.
(3) La amortización acumulada en este momento será 900 um (600 + 300) por lo tanto:

Valor venta IMB		1.900
IMB AA	3.000 (900)	
Valor neto IMB		2.100
Resultado venta inmovilizado		-200

En el estado de tesorería figurará el pago recibido por la venta del inmovilizado que en este ejemplo es cero (se cobra en X3):

Estado de tesorería (ET) - X2 (en um)			
Tesorería inicial (Ti)			900
Entradas de dinero Ventas Clientes **Cobro venta IMB**	3.600 2.000 0	[400] **[1.900]**	5.600
Salidas de dinero Compras Personal TSE Proveedores	900 1.500 1.100 1.000	[100] [100]	(4.500)
Tesorería final (Tf)			2.000

Balance a 31.12.X2 (en um)

Activo		Patrimonio Neto y Pasivo	
Mercaderías	900	Capital social	5.000
Clientes	400	Reservas	200
Deudores por venta IMB	1.900	REA (X1)	(100)
Tesorería	2.000	Resultado ejercicio	(100)
		Proveedores	100
		Acreedores TSE	100
Total	5.200	Total	5.200

10

EJERCICIOS RESUELTOS

Caso 1

El balance de la empresa de compra—venta NTWZ a finales del ejercicio X3 (en um) es:

Activo		Patrimonio Neto y Pasivo	
IMB	5.000	Capital social	4.000
Amortizaciones	(1.000)	Reservas	207
Existencias (20 uf a 10um/uf)	200	Resultado después de impuesto	616
Clientes	1.350	Póliza bancaria	340
Tesorería	100	Proveedores	100
		Acreedores por TSE	123
		HP acreedora por Impuesto (IS)	264
Total	5650	Total	5650

La actividad de explotación en X4 será:

- Compra de 120 uf de mercaderías a un precio de compra de 10 um /uf, pago a 90 días.
- Venta de 100 uf de mercaderías a un precio de venta de 40 um /uf, con cobro a 90 días.
- Los gastos de personal ascenderán a 1.200 um, pagados al contado, y los trabajos y servicios del exterior (TSE) supondrán 1.200 um, con pago 90 días.
- Las operaciones tienen un IVA del 21% que se cobraran y pagaran en el momento de la operación. La liquidación del IVA correspondiente al ejercicio se cobrará o pagará en ese mismo año.

- La vida del inmovilizado es de 5 años con valor residual nulo.
- Suponemos que no existe estacionalidad (año de 360 días).

Además, sabemos que:

- El reparto del resultado de X3 se realizará en X4. Puesto que partimos del beneficio después de impuestos (beneficio neto) se repartirá el beneficio a partes iguales entre dividendos y reservas.
- Se desea devolver a final del X4 la póliza bancaria, que en dicho ejercicio generar unos gastos financieros iguales al 10% de su valor.

Determinar:

Cuenta de resultados de X4
Estado de tesorería X4
Balance a 31.12. X4

Notas:

En el caso de faltar liquidez, se puede acudir a una póliza de crédito, a fecha 1 de enero de X4, de hasta 2.000 um, con un interés de un 12% sobre el saldo más desfavorable del ejercicio, fijando la tesorería mínima en 100 um.

Redondear para que no haya decimales

Solución caso 1:

Cuenta de resultados de X4

Cuenta de resultados de X4(en um)	
Ventas	4.000
Coste materias vendidas	(1.000)
Personal	(1.200)
TSE	(1.200)
Amortización	(1.000)
BAIT	(400)
Gastos financieros*	(34)
BAT	(434)

10% de intereses del préstamo de 340 um.

Estado de tesorería (ET)-X4(en um)			
Tesorería inicial (Ti)			100
Entradas dinero			5.190
Clientes	1.350		
Ventas (1)	3.000	[1.000]	
IVA repercutido	840		
Salidas dinero			(5.009)
Compras (2)	900	[300]	
TSE (3)	900	[300]	
IVA soportado	504		
Proveedores año X3	100		
Acreedores TSE	123		
Personal	1.200		
Gastos financieros	34		
Devolución préstamo	340		
HP acreedora impuesto	264		
Dividendos (4)	308		
HP acreedora por IVA (5)	336		
Tesorería final (Tf)			281

(1) el cobro de las ventas asciende a 4.000 más un IVA del 21% = 4.840. El IVA repercutido es 840 um.

(2) y (3) en los dos casos (compras y TSE) pasa lo mismo que con las ventas por considerar el 21% de IVA el importe total de cada uno es de 1.452 de los cuales 252 son IVA.

(4) El beneficio neto asciende a 616 que se distribuye la mitad a dividendos y el resto a reservas.

(5) IVA repercutido = 840 um y el IVA soportado = 504 um (252 +252 um).

HP acreedora por IVA = IVA repercutido – IVA soportado = 840 – 504 =336 um que consideramos que se paga este mismo año.

Balance a 31.12.X4 (en um)

Activo		Patrimonio Neto y Pasivo	
IMB	5.000	Capital social	4.000
AA	(2.000)	Reservas	515
Existencias (40 uf)	400	Pérdidas	(434)
Clientes	1.000	Proveedores	300
Tesorería	281	Acreedores TSE	300
Total	4.681	Total	4.681

Caso 2

La empresa LLONKA, presenta el siguiente balance de situación a 31- 12- X0 en um:

Activo		Patrimonio Neto y Pasivo	
IMB	2.500	Capital social	1.500
Amortización acumulada	(1.500)	Reservas	200
Mercaderías (*)	265	REA	(150)
Clientes	1.000	BAT	100
Tesorería	435	Proveedores	1.050
Total	2.700	Total	2.700

(*) *las mercaderías en el almacén, por fecha de compra, son 10 uf a 10 um /uf y 15 uf a 11 um /uf.*

Durante el ejercicio X1, la empresa pretende realizar las siguientes operaciones:

- Venta de 200 uf de mercaderías a 50 um /uf, con un plazo de cobro de 90 días (al igual que años anteriores). Los gastos de transporte de la venta correrán a cargo del vendedor ascendiendo a 100 um que serán pagados al contado. Al final del ejercicio se venderán también al contado 5 uf, (que están en el almacén) a su precio de coste por tener defectos de conservación.

- Compra de 190 uf a 15 um/uf, con pago a 60 días (al igual que años anteriores). El método de valoración de las existencias de nuestra empresa es el LIFO. Las últimas existencias que han entrado son las primeras en venderse.

- Los sueldos brutos anuales asciende a 2.500 um, y la seguridad social a cargo de la empresa a 500 um. La seguridad social a cargo del trabajador asciende a 100 um, y el IRPF aplicado es de 150 um Todo es pagado al contado. Recordar que el gasto de la empresa en personal estará formado por el sueldo bruto (sueldo neto + seguridad social a cargo del trabajador + retención en IRPF) y la seguridad social a cargo de la empresa.

- La distribución de beneficios será: 40 % impuesto de sociedades, 40% dividendos y el resto reservas.

- El 1 de abril de X1 la empresa tiene pensado vender un inmovilizado cuyo valor de adquisición fue de 1.000 um, y cuya amortización acumulada a 31- 12- X0 era de 600 um La venta será al contado por 400 um.

- La empresa espera tener unos gastos de trabajos y servicios exteriores de 1.200 um con pago a 30 días.

- El 30 de diciembre comprará un nuevo inmovilizado material por 1.500 um a pagar en 90 días. Para financiar esta compra, tiene pensado que, el 1 de julio de X1, realice una ampliación de capital y la petición de un préstamo a largo plazo. La ampliación de capital será del 80% del valor del inmovilizado (se desembolsará en X1 el 25% y el resto en X2). El 20% del inmovilizado será financiado con el préstamo, a ocho años, que supondrá en 6% de intereses anuales y cuyo principal se amortizará en partes igual a partir de X2.

- Todo el inmovilizado (tanto el de balance como el nuevo) se amortiza al 10% anual.

  Se pide: a) La cuenta de resultado de X1
            b) El estado de tesorería de X1
            c) El balance a fecha 31–12–X1

Importante:

Considerar al año comercial y el beneficio siempre antes de impuestos.
No tener en cuenta el IVA.

SOLUCIÓN CASO **2**:

Cuenta de resultados (CR) - X1(en um)	
Ventas 200 uf a 50 um / uf	10.000
Ventas 5 uf a 11 um / uf	55
Coste materias vendidas:	
190 x 15 um / uf = 2.850	
10 x 11 um / uf = 110	(2.960)
5 uf x 11 um /uf = 55	(55)
Personal	(3.000)
TSE	(1.200)
Transporte ventas	(100)
Amortización IMB del balance 1.500 x 10% = 150	(150)
Amortización IMB vendido 1000 x 10% x 3/12 = 25	(25)
Amortización IMB nuevo 0	0
Beneficio venta del Inmovilizado (*)	25
BAIT	2.590
Intereses 300 x 6% x 1/2	(9)
BAT	2.581

Valor de adquisición	1.000
A. A. a 31-12-X0	(600)
Amortización a 1-4-X1	(25)
Valor neto contable(VNC)	375

(*)

Venta	400
– VNC	(375)
Beneficio venta del inmovilizado	25

Distribución de beneficios: resultado 100 – resultados ejercicios anteriores (REA) 100 = 0 y quedan por compensar 50 um.

Estado de tesorería (ET)			um
Tesorería inicial			435
Entradas			9.555
Ventas	7.500	[2.500]	
Venta a precio coste	55		
Clientes	1.000		
Venta IMB	400		
Ampliación de capital	300	[900]	
Préstamo	300		
Salidas			(7.634)
Transporte venta	100		
Compras	2.375	[475]	
Personal	3.000		
TSE	1.100	[100]	
Compra IMB	0	[1.500]	
Proveedores	1.050		
Intereses	9		
Tesorería final			2.356

Balance a 31-12- X1(en um)

Activo		Patrimonio Neto y Pasivo	
Inmovilizado Material Bruto	3.000	Capital social	2.700
Amortización Acumulada	(1.050)	A.D.N.E*	(900)
Mercaderías	100	Reservas	200
Clientes	2.500	REA	(50)
Tesorería	2.356	Resultado ejercicio	2.581
		Préstamo L.P.	300
		Proveedor Inmovilizado	1.500
		Proveedores	475
		Acreedores	100
Total	6.906	Total	6.906

A.D.N.E = Accionistas desembolsos no exigidos

121

CASO 3

La empresa FANDAL, S.A. presenta el siguiente balance de situación a fecha 31/12/20X5 en um:

Activo		Patrimonio Neto y Pasivo	
Maquinaria (*)	3.000	Capital social	2.700
A. Acumulada maquinaria	(2.800)	ADNE(**)	(500)
Mobiliario (*)	1.600	Reservas	20
A. Acumulada mobiliario	(700)	REA	(300)
Mercaderías (***)	180	Resultado antes impuestos	400
Clientes	1.000	Préstamo L.P. (****)	600
Tesorería	1.100	Proveedores	460
Total	3.380	Total	3.380

(*) *Todo el inmovilizado del balance se amortiza al 10% anual.*
(**) *La deuda de los accionistas es desembolsada en el 20X6.*
(***) *20 uf a 9 um/uf. La empresa valora las existencias por el método FIFO.*
(****) *El préstamo tiene un interés del 6% anual. El 1/julio/20X6 se devolverá 100 um del principal y el resto en el 20X7.*

Las operaciones realizadas durante 20X6 serán:

- Compra de 100 uf de mercaderías a 10 um/uf con pago a 45 días. El importe total del transporte ascenderán a 60 um pagado todo al contado pero que es a cargo de la empresa FANDAL sólo 50 um.
- Venta de 110 uf de mercaderías a 45 um/uf con cobro a 36 días. Gasto de transporte a nuestro cargo de 20 um pagado al contado.
- Los sueldos brutos ascenderán a 1.200 um y los gastos de la seguridad social serán de 200 um a cargo de la empresa y 100 a cargo del trabajador. Se pagará todo al contado menos la deuda con la Seguridad Social que se pagará en 20X7.
- Gasto en TSE de 600 um con pago a 60 días.
- El 1 de febrero del 20X6, se pretende compra un nuevo inmovilizado por 2.300 um a pagar en 45 días con un gasto de montaje de 200 um al contado. La vida útil es de 5 años y su valor residual asciende a 100 um.
- La distribución de beneficios será del 40% impuesto de sociedades y el 60% para reservas.
- El 1 de noviembre de 20X6 se venderá la totalidad del mobiliario (con valor residual 100 um) por 700 um a cobrar en 180 días.

- Es necesario tener como mínimo 100 um de tesorería final por lo que en caso de no llegar a ese importe se puede pedir un préstamo a fecha 1-7- 20X6 con un interés de 10%.

Se Pide:

1. Cuenta de resultados antes de impuestos
2. Estado de tesorería
3. Balance de situación a fecha 31/12/ 20X6

Nota: considerar 2 decimales

SOLUCIÓN CASO **3**:

Cuenta de Resultado 20X6 en um

Ventas	4.950
CMV 90 x 10,5 + 20 x 9	(1.125)
Transporte de ventas	(20)
Personal	(1400)
TSE	(600)
Amortización IMB balance límite 200	(200)
Amortización nuevo IMB 2400/5 x 11/12	(440)
Amortización mobiliario	(125)
Venta del mobiliario	(75)
BAIT	965
Intereses ½ año: 600 x 6% x ½	(18)
Intereses ½ año: 500 x 6% x ½	(15)
BAT	932

Estado tesorería, en um, para 20X6

Tesorería inicial			**1.100**
Entradas:			5.955
Clientes	1.000		
Acctas desembolsos pendientes	500		
Ventas	4.455	[495]	
Venta IMB	0	[700]	
Salidas:			(5.688)
Compras	875	[125]	
Transporte	80		
Personal (*)	1.100	[300]	
TSE	500	[100]	
Compra IMB	2.500		
Intereses préstamo	33		
Devolución préstamo	100		
Proveedores	460		
Impuesto Sociedades (**)	40		
Tesorería final			1.367

(*) *La seguridad social que se deja a deber será: 200 um. a cargo de la empresa y 100 um. a cargo del trabajador.*
(**) *La distribución de beneficios será sobre 100 um. (400 - 300 de REA) por lo que se pagará al impuesto de sociedades 40 um.*

Balance final 31/12/20X6 en um

Activo		PN y Pasivo	
IMB	3.000	Capital social	2.700
A. Acumulada	(3.000)	Reservas	80
IMB nuevo	2.500	BAT	932
A. Acumulada	(440)	Préstamo L.P.	500
Mercaderías	105	Proveedores	125
Clientes	495	OSSA	300
Deudores transporte	10	Acreedores	100
Deudores IMB	700		
Tesorería	1.367		
Total	4.737	Total	4.737

Los deudores transporte corresponden a la parte del transporte de compras que no es gasto de la empresa pero que se ha pagado.

CASO **4**

La empresa RACA, S.A. presenta a 1-01-20X1 el siguiente Balance de situación en um:

Activo		P. Neto y Pasivo	
IMB 1	15.000	Capital Social	14.200
A. Acumulada IMB1	(3.000)	Reservas	263
IMB 2	5.000	Rdo. Ejercicios anteriores	(10)
A. Acumulada IMB 2	(4.000)	Resultado ejercicio	90
Mercaderías		Proveedores	8.500
40 uf. X 120 um./uf.	4.800	Acreedores TSE	767
Clientes	6.000		
Tesorería	10		
Total	23.810	Total	23.810

Durante el ejercicio 20X1 la empresa desea realizar las siguientes operaciones:

1. Compra de 90 uf de mercaderías a 130 um / uf con pago (al igual que años anteriores) a 60 días.

2. Venta de 100 uf a 200 um/ uf con cobro (al igual que otros años) a 90 días.

3. El 1 de abril se tiene concertado vender el IMB 2 por 900 um cobrando a 120 días.

4. Durante el año se pagara a los trabajadores el sueldo neto de 1.400 um siendo la seguridad social a cargo de trabajador 10 um y la seguridad social a cargo del empresario por 50 um al contado. Al final del año sólo quedará pendiente de pago la retención del IRPF de 190 um.

5. Los trabajos y servicios exteriores ascenderán a 500 um con pago al contado

6. El 1 de noviembre se tiene apalabrado la compra, con pago a 30 días, de una maquinaria nueva por valor de 2.500 um que se financiará con una ampliación de capital desembolsando el mínimo legal este año y el resto en 20X2.

7. El traslado de la maquinaria a nuestra empresa supondrá un gasto de transporte de 500 um pagado al contado.

8. La distribución del resultado del año anterior será la siguiente: 30% para el pago del impuesto de sociedades, 40 % para autofinanciación y el resto para los accionistas.

9. La amortización de todo el inmovilizado del Balance (1 y 2) es del 10% mientras que la maquinaria se amortizará al 20% anual. No hay valor residual.

10. Las existencias de mercaderías se valorarán por el sistema FIFO.

11. En caso de faltar tesorería (se considera que como mínimo tiene que haber 10 um), la empresa tiene la intención de pedir un préstamo, con fecha 1 de enero de 20X1, que supondrá unos intereses del 5% anual. Al final de cada año se tendrá que devolver un 20% del principal (inclusive año 20X1).

Se pide:

1. Cuenta de Resultados ordenada de 20X1 (modelo Renta- Riqueza)
2. Estado de tesorería de 20X1 (modelo Renta- Riqueza)
3. Balance ordenado a 31-12-20X1 (modelo Renta- Riqueza)

Nota: considerar el año comercial (360 días) y el Beneficio antes de impuestos.

SOLUCIÓN CASO 4

Cuenta de Resultados 20x1	um
Ventas	20.000
CMV: 40 x 120 + 60 x130	(12.600)
Sueldos brutos	(1.600)
SS. cargo empresa	(50)
TSE	(500)
Amortización:	
IMB 1 10% 15.000	(1.500)
IMB 2 10% 5.000 *3/12	(125)
IMB nuevo 20% 3.000* 2/12	(100)
Bº venta IMB 2 (*)	25
BAIT	3.550
Intereses (**)	**(100)**
BAT	3.450

(*) V adquisición 5.000 – Amortización acumulada a 1 de abril 4.125 = VNC 875 um.

Bº venta = 900 – 875 = 25 um

(**) Intereses del préstamo que habrá que pedir por falta de tesorería.

2. Estado de tesorería

Distribución beneficios: 90 – 10 = 80
30% impuesto = 24
30% dividendos = 24
40% reservas = 32

T inicial			10	
Entradas			22.525	**24.525**
Clientes	6.000			
Ventas	15.000	[5.000]		
Venta IMB 2	900			
Ampliación capital [1.875]	625	[1.875]		
Préstamo	*2.000*			
Salidas			24.025	**24.525**
Compras	9.750	[1.950]		
S y S	1.410	[190]		
SS cargo empresa	50			
TSE	500			
Proveedores	8.500			
Acreedores	767			
Dividendos e impuestos	48			
Compra IMB	3.000			
Intereses préstamo	**100**			
Devolución préstamo	**400**			
T final			(1.490)	**10**

Préstamo:

10 + 22.525 + X = 24.025 + 0,05 X + 0,20X + 10
X = 2.000 um, intereses = 100 um; devolución 400um

La contabilidad previsional como herramienta para directivos

3. Balance a 31-12- x1

Activo		PN y pasivo	
IMB 1	15.000	C.S.	16.700
A. Acumulada IMB1	(4.500)	Actas d. n. exig	(1.875)
Maquinaria	3.000	Reservas	295
A. Acumulada	(100)	Resultado ejercicio	3.450
Mercaderías	3.900	Préstamo L.P. (1)	1.200
30 uf X 130 um/uf		Préstamo CP (2)	400
Clientes	5.000	H.P acreedora	190
Tesorería	10	Proveedores	1.950
Total	22.310	Total	22.310

(1) y (2). El préstamo al final del año x1 ascenderá a 1.600 um. pero como 400 um. se devolverán en X2 podemos poner que el préstamo a LP será 1.200 (1.600 -400) y 400 um. préstamo CP

11

GLOSARIO

Accionista: Titular de cierto número de acciones de una sociedad anónima.

Acreedor: Persona o firma que ha suministrado productos o servicios a una empresa y que aún no ha recibido dinero de la empresa en pago de estos productos o servicios.

Activo: Bienes, derechos y otros recursos controlados económicamente por la empresa, resultantes de sucesos pasados, de los que se espera que la empresa obtenga beneficios o rendimientos económicos en el futuro.

Activo corriente: Aquel que la empresa espera vender, consumir o realizar en el transcurso del ciclo normal de explotación, el cual, con carácter general, no excederá de un año, más cualquier otro activo diferente de los anteriores cuyo vencimiento, enajenación o realización se espera que se produzca en el corto plazo, es decir, en el plazo máximo de un año, contando a partir de la fecha de cierre del ejercicio, más los activos financieros clasificados como mantenidos para negociar, más el efectivo y otros activos líquidos equivalentes.

Activos líquidos: Activos de muy fácil conversión a efectivo.

Activo no corriente: Según el Plan General Contable del 2007, es aquel que no puede clasificarse como activo corriente. También llamado inmovilizado o activo fijo. Son bienes y derechos que permanecen en el activo más de un año

Amortización: Expresión contable de la depreciación (o pérdida de valor) que sufre un activo a lo largo de su vida.

Amortización acumulada: Representa el importe total que, hasta la fecha, se ha provisto por una empresa para amortización de un activo fijo. Dicho importe total incluye las cantidades que anualmente se han amortizado, desde el año que la empresa entra en posesión del activo fijo hasta el año actual.

Amortización del préstamo: Pago parcial o total del principal de un préstamo. No confundir con la amortización de un inmovilizado. La amortización de un préstamo es la devolución de un pasivo mientras que la amortización de un activo es la depreciación o pérdida que sufren los bienes con el paso del tiempo (es un gasto).

Ampliación de capital: Representa la captación de capital adicional.

Balance de situación: Informe contable que refleja la situación patrimonial de la empresa en un día concreto.

BAIT: Beneficio antes de intereses y tasas. También se le llama BAII, beneficio antes de intereses e impuestos.

BAT: Beneficio antes de tasas. También se le llama BAI, beneficio antes de impuestos.

Beneficio: Cuando, a lo largo de un año o período contable, los ingresos son mayores que los gastos.

Bienes: cosas que pertenecen a una persona física o jurídica o que son objeto de comercio. Así se habla de bienes muebles, inmuebles, etc.

Capital de trabajo neto: Diferencia entre el valor en libros de los activos corrientes menos el valor en libros de los pasivos corrientes de una empresa. También se llama Fondo de Maniobra.

Capitales permanentes: fondos propios más pasivo no corriente.

Capital social: Valor nominal de las acciones de una sociedad.

Cash flow económico: medida de la capacidad que tiene una empresa para generar recursos financieros. Su valor es la suma del beneficio neto más las amortizaciones más deterioros.

Cash flow financiero: flujo de caja. Son las entradas menos las salidas de dinero.

Ciclo de efectivo o ciclo de caja: Período transcurrido desde el pago de las materias primas hasta la cobranza de las cuentas por cobrar generadas por la venta del producto final.

Cifra anual de negocios: Se determinará deduciendo del importe de las ventas de los productos y de las prestaciones de servicios u otros ingresos correspondientes a las actividades ordinarias de la empresa, el importe de cualquier descuento (bonificaciones y demás reducciones sobre las ventas) y el del impuesto sobre el valor añadido y otros impuestos directamente relacionados con las mismas, que deban ser objeto de repercusión.

Cliente: Es la persona o empresa que compra bienes o servicios a otra. Si paga en efectivo es un cliente de contado. Si la empresa le permite pagar en una fecha posterior, es un cliente a crédito.

Cobro: Entrada de dinero. Los cobros representan una entrada de dinero en caja o bancos.

Consumo: Expresión cuantificada de lo que usa o gasta una persona, actividad o empresa.

Deuda: Cantidad de dinero que una persona o empresa debe a otra persona u otra empresa.

Dividendo: Importe que una sociedad anónima paga a sus accionistas, en concepto de participación en los beneficios de cada ejercicio.

Efectos: Expresión genérica con la que se denominan los instrumentos de pago y de crédito utilizados en el comercio, por ejemplo, las letras de cambio, cheques, pagarés, etc.

Efectos a cobrar: Importe de las letras de cambio giradas contra terceros, las cuales se materializan en entradas de efectivo, dentro de cierto tiempo.

Efectos a pagar: Importe de las letras de cambio que se ha comprometido pagar a terceros en determinadas fechas futuras.

Ejercicio económico o contable: Es el período comprendido entre dos balances anuales. Generalmente coincide con un año natural (del 1 de enero al 31 de diciembre)

Empresa: Nombre que se da comúnmente a la entidad que desarrolla una actividad económica.

Empréstitos: Emisión de bonos u obligaciones para captar capital en una empresa. Forman parte de los recursos ajenos de la sociedad.

Equipo: Nombre genérico que se da al conjunto de cosas que una empresa necesita para desarrollar su actividad eficientemente. Normalmente figuran en el activo no corriente de la empresa.

Existencias (stock): Nombre genérico de los productos que una empresa fabrica o compra para revenderlos y obtener beneficio. En particular, se refiere a las mercaderías, productos y materiales que una empresa tiene al final del ejercicio contable.

Factura: Documento que, cumpliendo los requisitos legales, detalla los bienes o servicios vendidos o prestados por una parte a la otra, con indicación de cantidades y precios. En las operaciones mercantiles se emiten facturas comerciales por las ventas con indicación además de los datos anteriores, de la razón social, NIF y dirección de la empresa vendedora.

FIFO (First in, first out): Uno de los métodos existentes para valorar las existencias de una empresa. Se supone que la empresa utiliza o vende en primer lugar los productos que primero compró. Después emplea los productos comprados en una fecha posterior.

Fondo de maniobra: exceso de capitales permanentes sobre el activo no corriente. Es decir, la parte del activo corriente que está financiada por capitales permanentes.

Ganancias de capital: Beneficios que se obtienen al vender un activo financiero a un precio mayor a su costo o valoración estimada.

Gastos: Recursos netos que una empresa consume en un ejercicio contable, a fin de obtener los ingresos de dicho periodo. No tienen por qué coincidir con aquellos que se hayan pagado. Dentro de los gastos habrá importes devengados (consumidos) que aún estén pendientes de pago. Pero no se incluirán como gasto los pagos anticipados de otros ejercicios posteriores. Los cargos por amortización de inmovilizado se integran en los gastos del periodo. Según el Plan General contable del 2007 son los decrementos en el patrimonio neto de la empresa durante el ejercicio, ya sea en forma de salidas o disminuciones en el valor de los activos, o de reconocimiento o aumento del valor de los pasivos, siempre que no tengan su origen en distribuciones, monetarias o no, a los socios o propietarios, en su condición de tales.

Gasto anticipado: Lo mismo que un pago por adelantado. Se paga por un servicio antes de consumirlo.

Gastos bancarios: los bancos realizan operaciones financieras por cuenta de sus clientes, pero cargan gastos por estos servicios.

Gastos corrientes: Los gastos que consume una empresa en un ejercicio económico y sin los cuales no se podrían generar los ingresos de explotación del periodo. Comprenden partidas tales como salarios, consumo de energía, alquileres, contribuciones, seguros, gastos de administración, distribución y venta.

Gastos directos: Aquéllos que se relacionan, se atribuyen o corresponden directamente a un producto que la fábrica está produciendo en ese momento.

Gastos fijos: Aquéllos que no aumentan o disminuyen en un periodo corto de tiempo (p. ej., un año). Estos gastos no varían a corto plazo si la producción sube o baja, es decir, son independientes del nivel de actividad.

Gastos variables: Gastos que varían con relación al importe de la producción o al de las ventas.

Ingresos: Incrementos en el patrimonio neto de la empresa durante el ejercicio, ya sea en forma de entradas o aumentos en el valor de los activos, o de disminución de los pasivos, siempre que no tengan su origen en aportaciones, monetarias o no, de los socios o propietarios. Están formados por todas las entradas de fondos o devengo de derechos de cobro que una empresa obtiene por la venta de sus productos, de sus servicios o del trabajo que ha realizado, así como por otras causas, como puede ser por intereses recibidos, comisiones o alquileres. Tanto desde el punto de vista contable como fiscal, el ingreso se computa cuando el cliente tiene la obligación legal de pagar por los productos o servicios, aunque dicha obligación no se haya materializado aún en la entrega de efectivo a la empresa; es decir, se aplica el criterio del devengo.

Importe: Cantidad de dinero, normalmente el precio de compra de algo.

Inmovilizado: Cuentas del activo no corriente del balance. Comprende los elementos del patrimonio destinados a servir de forma duradera en las actividades de la empresa así como las inversiones inmobiliarias, Se incluyen también, con carácter general, las inversiones financieras cuyo vencimiento, enajenación o realización se espera habrá de producirse en un plazo superior a un año.

Inmovilizados intangibles: Son activos no monetarios sin apariencia física susceptibles de valoración económica.

Inmovilizados materiales: Elementos del activo tangibles representados por bienes, muebles o inmuebles.

Inversión: Colocar o desembolsar dinero, con el objetivo de obtener una renta o beneficio. También son inversiones todos los activos de un balance. Es el proyecto por el cual un sujeto decide vincular recursos financieros líquidos a cambio de la expectativa de obtener unos beneficios, también líquidos.

Inversiones financieras a largo plazo: Acciones que permanecen en la empresa más de un ejercicio contable. Son acciones que la empresa compra, generalmente, con el objetivo de controlar otras empresas.

Inversiones financieras a corto plazo: Acciones que permanecen en la empresa menos de un ejercicio contable. Son acciones que, generalmente, la empresa compra con el objetivo de especular con ellas.

LIFO (last in, first out): Uno de los métodos para valorar las existencias de una empresa a la fecha de cierre del ejercicio contable. Se basa en la idea de que los productos que se vendieron, o usaron en la fabricación, fueron los últimos que la empresa compró. El nuevo Plan General contable no lo admite.

Liquidez: Medida en que una empresa puede convertir rápidamente en efectivo sus bienes y créditos.

Margen bruto: Diferencia entre los ingresos totales y los costes de producción.

Margen neto: Diferencia entre los ingresos totales y los costes y gastos incurridos en la operación de un negocio.

Método de amortización constante: Método para el cálculo de la amortización de un activo fijo. Por este método se carga a la cuenta de explotación por el concepto de amortización, un importe idéntico cada año de los de la vida prevista del activo. También se llama método de amortización lineal.

Método de amortización decreciente: Método para el cálculo de la amortización de un activo fijo. Por este método se carga a la cuenta de explotación por el concepto de amortización, un importe mayor al inicio de la vida de activo que al final.

Obligación: Se dice que existe una obligación cuando alguien tiene el deber de hacer algo. Usualmente, las obligaciones son de pago.

Obsoleto: Cuando algún bien está anticuado, inservible o invendible.

Pago: Importe de dinero que una persona (física o jurídica) entrega a otra por productos o servicios recibidos, ya sea en efectivo o en cheque. Un pago en especie significa que la persona paga con productos o servicios, no con dinero.

Pasivo: Obligaciones actuales surgidas como consecuencia de sucesos pasados, para cuya extinción la empresa espera desprenderse de recursos que puedan producir beneficios o rendimientos económicos en el futuro. A estos efectos, se entienden incluidas las provisiones.

Pasivo corriente: En el balance, comprende las obligaciones que la empresa espera liquidar en el transcurso del ciclo normal de explotación que, con carácter general, no excederá de un año, y las obligaciones cuyo vencimiento o extinción se espera que se produzca en el corto plazo, es decir, en el plazo máximo de un año.

Pasivo no corriente: Según el Plan General Contable del 2007, es aquel que no puede clasificarse como pasivo corriente.

Patente: Cuando una persona o empresa que ha diseñado o inventado algo nuevo no quiere que otros lo utilicen sin su consentimiento, lo que hace es entrarlo en el registro de patentes, en la que se comprueba si dicho diseño o invento es realmente nuevo. De ese modo se protege la invención durante un plazo determinado y sólo puede utilizarla durante ese tiempo el titular de la patente.

Patrimonio neto: Es la parte residual de los activos de la empresa, una vez deducidos todos sus pasivos. Incluye las aportaciones realizadas, ya sea en el momento de su constitución o en otros posteriores, por sus socios o propietarios, que no tengan la consideración de pasivos, así como los resultados acumulados u otras variaciones que le afecten.

Plazo de cobro o pago: plazo de cobro de clientes o plazo de pago a proveedores, expresados en días. Indica el número de días (en promedio) que nos tardan en pagar nuestros clientes, o que tardamos en pagar a nuestros proveedores.

Presupuesto de efectivo: Estado que muestra los flujos de efectivo (entradas, salidas y efectivo neto) de una empresa durante un período específico.

Prima de emisión: Prima aparejada a una acción/participación como la diferencia entre el valor de emisión de una acción/participación y su valor nominal que, por lo general, trata de compensar el enriquecimiento que obtendrían los nuevos socios frente a los antiguos por las reservas y beneficios anteriores a su entrada en la sociedad. Dicho más sencillamente, si una sociedad tiene reservas o beneficios no distribuidos es evidente que el valor de las acciones/participaciones que corresponde a cada socio es superior al de la aportación de capital que en el momento inicial realizaron y, en consecuencia, superior el valor patrimonial que el valor nominal. La prima trata precisamente de equilibrar esas diferencias y ajustar el valor nominal con el valor patrimonial de cada acción/participación. El Plan General Contable lo considera como una reserva.

PYME: Según la normativa contable, es aquella empresa, cualquiera que sea su forma jurídica, individual o societaria, que reúna al menos dos de las circunstancias siguientes: a) Que el total de las partidas del activo no supere los 2.850.000 euros. b) Que el importe neto de su cifra anual de negocios no supere los 5.700.000 euros. c) Que el número medio de trabajadores empleados durante el ejercicio no sea superior a 50.

Plan General Contable: Instrumento legal donde están recogidas las normas que han de seguir las empresas para realizar su contabilidad. Existen adaptaciones sectoriales.

Portes: Cantidades que se pagan por el transporte de productos de un lugar a otro.

Precio: Importe que una empresa pide a un cliente que pague por un producto o servicio.

Precio Medio Ponderado (PMP): Uno de los métodos para valorar las existencias de una empresa a la fecha de cierre del ejercicio contable. El valor de coste de la venta es la media ponderada de los distintos precios de entrada en función del volumen de unidades adquiridas a cada uno de los precios. Es el método recomendado por el PGC.

Presupuesto: Plan económico-financiero para el futuro.

Realizable: Masa patrimonial del activo del balance formada por todos los derechos de cobro que tiene la empresa.

Recibo: Documento acreditativo de que una persona ha pagado o entregado a alguien dinero u otro valor. La persona que recibe el dinero entrega el documento como comprobante.

Recursos: Desde el punto de vista contable, son todos los medios que una empresa necesita para desarrollar eficazmente su actividad.

Recursos propios: Los que proceden de las aportaciones de capital y reservas de los accionistas de la empresa (accionistas).

Recursos ajenos: Financiación aportada a la empresa por terceros.

Reembolso: Acción de restituir a alguien el dinero pagado anteriormente.

Registro mercantil: Organismo oficial en que figuran las sociedades mercantiles, los comerciantes o empresarios individuales y en donde se depositan las cuentas anuales de las empresas. El registro mercantil es la principal fuente de información sobre las empresas.

Reserva: Importe que pertenece a los accionistas de una sociedad. Pero este importe se queda en la empresa como recursos propios para contribuir a la autofinanciación de la empresa y a la obtención de futuros beneficios.

Valor de adquisición: Precio de compra de un bien más todos los gastos necesarios para obtener dichos bienes.

Valor actual: Valor de un bien en el momento presente.

Valor contable: A medida que pasa el tiempo y la empresa los va utilizando, los activos fijos van perdiendo valor. Se establecen importes para la amortización anual de estos activos, de acuerdo con ciertos porcentajes que se aplican sobre su valor.

Valor neto contable: Saldo de una cuenta de activo en los libros de una empresa, después de haberse establecido las amortizaciones o cualquier otra pérdida prevista.

Valor nominal: Valor de un activo o título que aparece en el correspondiente documento.

Valor residual: Valor estimado o real de un activo fijo al final de su vida útil.

Vencimiento: Fecha en que una persona o empresa debe pagar lo que debe a otra persona o empresa.

Ventas: Ingresos que una empresa obtiene por la entrega de un producto o servicio.

Vida útil: Número de años que un activo fijo puede ser utilizado por la empresa.

Volumen de ventas: Importe de las ventas que ha realizado una empresa durante un ejercicio.

12

BIBLIOGRAFÍA

12.1 Libros

BREALEY, M.; BREALEY, M. *Principios de dirección financiera.* Mc.Graw Hill. 1996

MUNDET HIERN, J. *Creación de empresas: factores de éxito.* Einia, 1991.

OMEÑACA GARCÍA, J. *Guía práctica de adaptación del PGC de 1990 al Nuevo Plan General de Contabilidad y al PGC Pymes.* Deusto. 2007.

PEREIRA, F.; BALLARÍN, E.; ROSANAS-DODERO, J.M. *Contabilidad para dirección.* EUNSA. Manuales IESE, 1999.

12.2 Páginas Web

LEY 27/2014, de 27 de noviembre, del Impuesto sobre Sociedades. http://www.boe.es/boe/dias/2014/11/28/pdfs/BOE-A-2014-12328.pdf . Artículo 12 Tablas de amortización 2015. Consultas enero 2015

REAL DECRETO 1515/2007 de 16 de noviembre. *Plan General de Contabilidad de Pequeñas y Medianas empresas.* 2007. http://www.boe.es/buscar/doc.php?id=BOE-A-2007-19966 Consultas 2013-2014

SOBRE LOS AUTORES

MERCEDES GARCÍA-PARRA

Es profesora en el Departament d'Organització d'Empreses de la Universidad Politécnica de Catalunya (UPC). Licenciada en Económica por la Universidad de Barcelona y doctora por la Universidad Politécnica de Catalunya. Actualmente imparte la docencia en la Escuela Técnica Superior de Ingeniería Industrial y Aeronáutica de Terrassa (ETSEIAT) y en másteres organizados por la Universidad de Barcelona en la Facultad de Derecho y de Farmacia. Sus principales áreas de trabajo son: los activos y pasivos intangibles, la administración y gestión financiera, y la gestión de costes.

JOAN MUNDET HIERN

Actualmente Catedrático de Universidad en el Departament d'Organització d'Empreses de la UPC. Su labor profesional, además de los cometidos académicos de su puesto, se distingue por el esfuerzo desarrollado en una formación ad hoc en temas de Dirección de Empresas y Estrategia impartido en varias importantes organizaciones y empresas multinacionales; escuelas de negocios internacionales y organismos públicos; así como en la dirección de investigaciones en las temáticas apuntadas.

Asimismo, con anterioridad a su incorporación a la Universidad, ha ocupado distintos puestos directivos en empresas familiares, públicas y multinacionales en variados sectores industriales.

www.ingramcontent.com/pod-product-compliance
Lightning Source LLC
Chambersburg PA
CBHW051219200326

41519CB00025B/7175